Michael Hlatky

Bierbrauen
für jedermann

6., erweiterte Neuauflage

Leopold Stocker Verlag
Graz - Stuttgart

Bildquelle:
Philipp Hlatky: Seite 53, 62, 74, 77, 81, 85, 87, 88, 91, 93, 95, 96, 99, 101, 104, 174
Mag. Michael Hlatky: Seite 25, 57, 61, 65, 66, 134,
Ing. Holzeis, www.holzeis.at, Kellereibedarf Knopf: Seite 26, 31, 32, 35, 44, 45, 68, 89, 100,
Verband der Brauereien Österreichs: Seite 12,
Deutscher Brauer Bund: Seite 110, 111,
Polar Photo Bank: Seite 114,
Österreichische Nationalbibliothek: Seite 16,
DI. Franz Reil: Seite 22
Dieter Gansterer: Seite 82, 83
Technisches Museum Wien: Seite 22
Schwechater Brauerei: Seite 24
Schladminger Brauerei: Seite 108
Herwig Steiner Seite: 38, 55
Andrea Malek: Seite 103, 115

Der Inhalt dieses Buches wurde von Autor und Verlag nach bestem Wissen (und Gewissen) überprüft; eine Garantie dafür kann jedoch nicht übernommen werden. Die juristische Haftung ist daher ausgeschlossen.

ISBN 3-7020-1076-9

Umschlagfoto: Atelier Geyer, Judendorf-Straßengel
Umschlaggestaltung, Layout & Satz: Andrea Malek, Malanda-Buchdesign, A-8010 Graz
Druck & Bindung: Druckerei Theiss GmbH, A-9431 St. Stefan

Inhaltsverzeichnis

Die 10 Regeln für Hausbrauer

I. Du sollst Dein Bier nur aus natürlichen Rohstoffen brauen.

II. Du sollst immer unter hygienischen Bedingungen brauen.

III. Du sollst Dir zum Brauen genügend Zeit nehmen.

IV. Du sollst Dir Aufzeichnungen vom Brauen machen.

V. Du sollst Dein Bier optimal lagern.

VI. Du sollst Dein Bier mit Freunden brauen und verkosten.

VII. Du sollst Dein Bier kritisch verkosten.

VIII. Du sollst über Dein Bier sprechen.

IX. Du sollst auch das Bier Deines Wirtes schätzen.

X. Du sollst nicht zu viel trinken.

VORWORT

Seit der ersten Auflage des Buches Bierbrauen für jedermann sind bereits einige Jahre vergangen. Änderungen und Ergänzungen wurden laufend in den bisherigen fünf Auflagen berücksichtigt, jetzt wurde mit der gänzlichen Überarbeitung eine optisch völlig neue Gestaltung, dieses – man kann ruhig sagen – Standardwerkes der deutschsprachigen Heimbrauerliteratur geschaffen. Erfahrungen von mehr als 70 Bierbrauseminaren des Autors sind in dieses Buch genauso eingeflossen, wie unzählige Anregungen von begeisterten Lesern und Heimbrauern, die mit Ihren Vorschlägen eine Weiterentwicklung dieses Hobbys voran getrieben haben.

Aus dem Hobby entstanden durch viel Engagement, Liebe und entsprechendes Wissen kleine Gasthausbrauereien mit angeschlossenen Buschenschänken oder Wirtshäusern.

Auf vielfachen Wunsch wurde das Buch in der Neuauflage um Rezepte erweitert, die nicht den strengen Bestimmungen des deutschen Reinheitsgebotes entsprechen. Gerade Europa hat mit lokalen und regionalen Spezialbieren eine riesige Sortenvielfalt zu bieten; man denke nur an belgische *Weißbiere* und *Lambic*; *Ale, Stout* und *Porter* in England, *Guiness* in Irland, *Alt-* und *Weizenbiere* in Deutschland, oder gar Biere aus Spezialgetreidesorten wie *Roggen-* oder *Haferbier*.

Bis ins 19. Jahrhundert gehörte ein großer, zumeist kupferner Kessel zur Aussteuer und wurde von der Hausfrau, neben dem Bierbrauen auch für andere Zwecke wie beispielsweise Haltbarmachen von Obst und Gemüse, aber auch als Wäschekessel eingesetzt. Mit dem Aufkommen der industriellen Brauereien mit ihren in Fässer und Flaschen abgefüllten Bieren, verschwanden nicht nur die kleinen Gasthausbrauereien, es geriet auch die über Generationen überlieferte Kunst des Bierbrauens zu Hause immer mehr in Vergessenheit. Das deutsche Biersteuergesetz beispielsweise hat das Brauen zu Hause nach dem Zweiten Weltkrieg ausdrücklich untersagt und dieser uralten Tradition damit scheinbar den Todesstoß versetzt.

Erst Ende der 80er Jahre des 20. Jahrhunderts entstand mit dem Aufkommen und dem Rückbesinnen auf naturnahe Produktion im Gefolge der Grünbewegung und nach diversen Lebensmittelskandalen eine Renaissance des Selbstgemachten. Brotbacken, Käseerzeugung oder Einkochen von Marmelade, die Kultur des Schnapsbrennens oder die Wiederbelebung der Mosterzeugung und der Bedarf nach selbstgebrautem Bier war auch bei uns plötzlich wieder „in“.

In Amerika, England aber auch in Belgien und Holland hatte sich nach dem Zweiten Weltkrieg eine sehr aktive Hausbrauerszene entwickelt, die sich in Braustammtischen, Clubs und Erfahrungsgruppen mit entsprechendem Austausch von Rezepten etablierte.

Im deutschsprachigen Raum fehlte es im Unterschied zur gänzlich unübersichtlichen Literatur im Englischen, mit zum Teil obskursten Rezepturen, auch an entsprechender Fachliteratur für Hobbybrauer. Mitte der 90er Jahre konnte ich für die Einsteiger in diesen Hobbybereich mit meinen beiden Büchern „Bierbrauen für jedermann“ und „Bierbrauen zu Hause“ diese Lücke schließen. Mittlerweile sind viele Heimbrauer bereits in Clubs und Stammtischen organisiert, Rezepte werden über das Internet ausgetauscht, Bierbrauseminare werden besucht und kleine Gerätehersteller haben sich mit maßgeschneiderten Angeboten für Heimbrauer dieses Hobbys angenommen. Auch der Versand von Braubedarf wie Malz, Hopfen und Hefe in kleinen Mengen hat sprunghaft zugenommen.

Dem Einfallsreichtum und dem technischen Geschick der Hausbrauer sind keine Grenzen gesetzt. Die meisten Hobbybrauer haben mit dem berühmten „Einkochtopf“ und den Stoffwindeln begonnen, viele vor allem im landwirtschaftlichen Bereich verwenden bereits am Hof vorhandene Gerätschaften wie Schnapsbrennanlagen und Dämpfer als Sudpfannen und Gärgeräte aus der Wein- bzw. Mosterzeugung. Ausgeschiedene Stahlfässer aus den Großbrauereien werden aufgeschnitten und zu Gärgefäßen umfunktioniert, eigene Brunnen für optimales Wasser gegraben, Läuterbottiche aus Kunststoff oder Nirosta konstruiert, ausgefallene Kühlschlangen aus Kupferrohren mit Heißwasserrückgewinnungsanlagen hergestellt. Zumeist wird für das neue Hobby sehr rasch der Keller oder ein Bastelraum in eine kleine Brauerei umfunktioniert. Eine der bemerkenswertesten „Braumaschinen“, die mir im Zuge meiner Recherchen untergekommen sind, ist eine umgebaute Waschmaschine. Ausgestattet mit einem elektrischen Antrieb, einem integrierten Thermostat und einer Pumpe ergibt diese Waschmaschine eine fertige voll funktionstüchtige Kleinbrauerei auf engstem Raum.

Viele auf den ersten Blick überraschende Geschmackskomponenten werden ausprobiert; vom Weihnachtsbier: mit Zimtgeschmack über Hanfbiere bis hin zu „Kürbisbier“. Zumeist wird aus technischen und räumlichen Gründen obergärig gebraut. Doch viele Hausbrauer setzen ihren ganzen Ehrgeiz daran auch untergärige Biere zu Hause brauen zu können, was zumeist bauliche Maßnahmen für eine elektrische Kühlung erfordert. Viel Liebe und Kreativität werden auch für die Gestaltung der Bieretiketten und Bierdeckel aufgewendet. Die Qualität des Selbstgebrauten – so unterschiedlich diese immer sein mag – braucht einen Vergleich mit Bieren aus Wirtshausbrauereien und Großbrauereien wirklich nicht zu scheuen. Wie ich mich bei zahlreichen Verkostungen bei meinen Bierbrauseminaren und bei diversen Besuchen in privaten Braukellern selbst überzeugen konnte, wird für ein perfektes Bier kein finanzieller und zeitlicher Aufwand gescheut. Einige Hausbrauer haben sogenannte „mobile" Brauereien entwickelt, die leicht auf PKW-Anhängern zu Brauzwecken an verschiedene Orte gebracht werden können.

Einige dieser Hausbrauer verwenden das Hausbrauen aber nur als Zwischenstufe auf dem Weg zu ihrer eigenen Wirtshausbrauerei. Mittlerweile wird das Brauen von Bier auch an mehreren landwirtschaftlichen Fachschulen unterrichtet, gleichwertig wie das Brennen von Schnaps und die Mostbereitung.

Unklar ist noch immer die rechtliche Situation des Bierbrauens als landwirtschaftlicher Nebenerwerb in Österreich. Mehrere Gasthausbrauereien werden in Form von Buschenschänken geführt, ein Gewerbe das der Zustimmung der örtlichen Gemeinden und vor allem der Bürgermeister bedarf. Wenn Braugerste von den Bauern angebaut wird, ist es eigentlich nicht einsichtig, warum das veredelte Produkt nicht verkauft werden soll und darf. Wo liegt der Unterschied zu Wein, Most und Schnaps?

Erfreulich ist auch, dass nicht nur Männer diesem neuen, alten Hobby frönen, bei Bierbrauveranstaltungen liegt der Frauenanteil mindestens bei einem Drittel; Tendenz stark steigend.

Ein umfangreicher Teil mit einem Bezugsquellenverzeichnis gibt Ihnen die Möglichkeit sich in ihrer Nähe, oder über Postversand mit den notwendigen Rohstoffen, Malz, Hopfen und Brauhefen zu versorgen. Wie uns immer wieder Teilnehmer dieser bereits angesprochenen Bierbrauseminare versichert haben, sind die Braumeister und Wirte der kleinen Gasthofbrauereien, aber auch die größeren Brauereien gerne bereit kleinere Mengen an Malz, Hopfen und Hefe abzugeben und den Hobbybrauern mit Rat zur Seite zu stehen.

Ich darf Ihnen mit dem Gruß der Brauer „Hopfen und Malz, Gott erhalt`s" viel Spaß beim Lesen dieses Buches und viel Erfolg bei Ihren Brauversuchen wünschen.

Was ist Bier

Bier ist wohl das meistgetrunkene alkoholische Getränk und eines der ältesten Lebens- und Genussmittel der Menschheit. Das deutsche Reinheitsgebot definiert die zulässigen Zutaten – Wasser, Malz und Hopfen – die Hefe als Auslöser der alkoholischen Gärung war im 16. Jahrhundert noch nicht bekannt. Das deutsche Biergesetz und der Codex Alimentarius Austriacus definieren die Rohstoffe schon etwas genauer. „Bier ist ein aus Zerealien, Hopfen und Wasser durch Maischen und Kochen hergestelltes, durch Hefe vergorenes, alkohol- und kohlensäurehältiges Getränk".

Als Zerealien werden Gerste, Weizen, Reis, Mais oder Erzeugnisse aus diesen bezeichnet.

Diese in trockenem Juristendeutsch abgefasste Erklärung listet die zulässigen Zutaten und Brauvorgänge bei der Biererzeugung auf. Aber erklärt diese Definition wirklich was Bier ist, welche Bedeutung dieses Getränk in der Vergangenheit hatte und heute noch immer hat?

Bier ist aufs engste mit der Kulturgeschichte der Menschheit verbunden, denn erst als der Mensch sesshaft wurde und Ackerbau zu betreiben begann, hatte er sich damit die Möglichkeit geschaffen Getreidesorten wie Emmer, Dinkel, Gerste, Weizen, Roggen oder Hafer zu kultivieren. Den Überschuss dieses Getreides, der nicht lebensnotwendig für die Broterzeugung war, konnte durch Vergärung in Bier oder besser in ein bierähnliches Getränk verwandelt werden. Die Biererzeugung war damals eine Form der Lagerhaltung, konnte doch das „flüssige Brot" in Tonkrügen leichter vor Ungeziefer, Mäusen und Ratten geschützt werden als das lose gelagerte Getreide, das schutzlos den Schädlingen ausgesetzt war.

Eine der plausibelsten Erklärungen, wie man herausgefunden hat, dass aus Getreide ein alkoholhältiges Getränk entsteht, ist folgende:

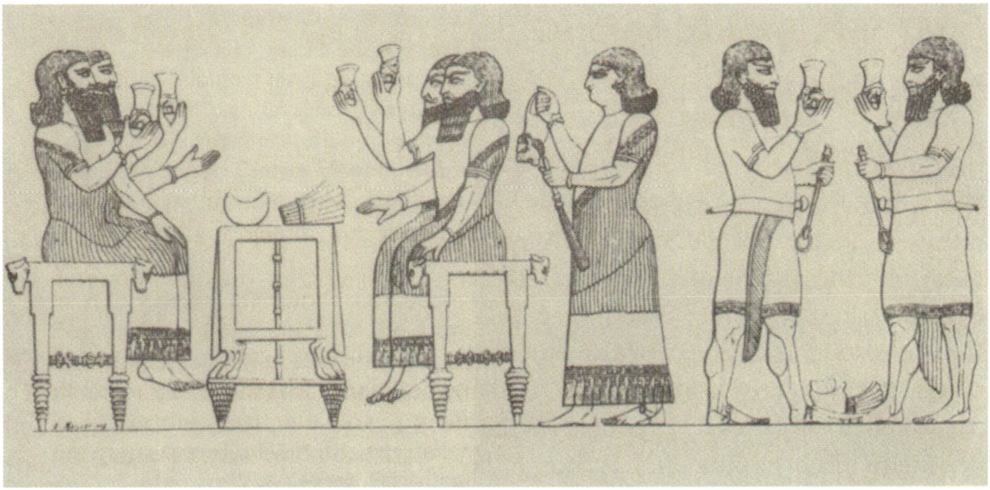

Trinkgelage des Königs Sargon II. v. Assyrien (721–705 v. Chr.) im Palast von Dur Scharrukin (Chorsabad).

Brotreste waren in einen Behälter mit Wasser gelangt, die Sonne erwärmte das Wasser und die in der Luft enthaltenen „wilden“ Hefesporen begannen dann den Gärungsvorgang einzuleiten. Sehr bald begann man dann diesen spontanen, ungeplanten Prozess gezielt und bewusst herbeizuführen. Dieses bei einer wilden Gärung entstandene bierähnliche Getränk ist, auch wenn der biochemische Prozess seit damals unverändert geblieben ist, mit Bier wie wir uns dieses erfrischende Getränk heute vorstellen, nicht zu vergleichen. Vielmehr waren diese ersten Biere trübe und enthielten Reste der beim Brauvorgang verwendeten Getreidesorten. Abbildungen Bier trinkender Sumerer (ca. 3000 v. Chr.) zeigen diese beim Biertrinken mit Trinkhalmen, damit sie die im Bier enthaltenen Treberreste und Trübstoffe nicht mitschlürfen mussten. Auch war die erfrischende, prickelnde Kohlensäure aus dem Bier zu einem großen Teil entwichen, ganz zu schweigen von der fehlenden Kühlung in heißen Regionen.

Eine kurze Geschichte des Bieres

Wie Ausgrabungen in Mesopotamien belegen, waren die ersten historisch nachweisbaren Bierbrauer die Sumerer, Assyrer und Babylonier. Die Ausgrabungen in Catal Hüyük in Kleinasien belegen, dass um 6000 v. Chr. die Bewohner dieser einer der ältesten Steinzeitsiedlungen, bereits Gerstenbier kannten. Bereits gegen Ende des 4. Jahrtausends vor Christus verbackten die Sumerer gemälztes Getreide zu „Getreidebrot", lösten diese Fladenbrote dann in Wasser auf und ließen das Gemisch vergären. Untrennbar ist die Entwicklung des Brotbackens mit dem des Bierbrauens verbunden. Erst durch die Aktivierung der Enzyme im Getreide wurde es erst möglich eine Umwandlung der Stärke des Getreides in vergärbaren Zucker zu erreichen. Das geschah am leichtesten indem das Getreide zum Keimen gebracht wurde und anschließend verbacken wurde. Dieser Umwandlungsprozess von Stärke in Zucker und dann in Alkohol, war die erste biochemische Leistung der Menschheit. Die Erzeugung von Most und Wein hingegen ist biochemisch gesehen wesentlich einfacher, ist doch der zur alkoholischen Gärung notwendige Zucker bereits in der Frucht vorhanden.

Der altbabylonischer König Hammurabi (1728–1686 v. Chr.) sah sich dann bereits veranlasst, zum Schutz seiner Untergebenen strenge Brau- und Ausschankregeln zu erlassen. Im Pariser Louvre kann man heute die in Keilschrift verfasste Gesetzesstele bewundern, deren Paragraphen 108–121 die älteste überlieferte Schankordnung der Welt darstellen. Vordergründig ging es Hammurabi um den Schutz der Gesundheit seiner Untertanen und um die Verhinderung von Preistreiberei. Beim Bierausschank sollte das Verdünnen des Bieres unterbunden und die Verwendung minderwertiger Zutaten verhindert werden. Ein durchaus erwünschter und angenehmer Nebeneffekt für den Herrscher war die mit diesen Regeln verbundene gesetzliche Festsetzung einer ersten Biersteuer.

Ein kurzer Auszug aus dem martialisch anmutendem Text der Gesetzesstele lautet:

- Die Wirtin, die sich ihr Bier nicht in Gerste, sondern in Silber bezahlen lässt oder die minderwertiges Bier teuer verkauft, wird ertränkt.

- Eine Priesterin, die eine Wirtschaft aufsucht oder gar eine Wirtschaft eröffnet, wird verbrannt.
- Bierpanscher werden in ihren Fässern ertränkt oder so lange mit ihrem Bier vollgegossen, bis sie ersticken.

Die Bestrafungen haben sich zwar heute deutlich geändert, die Problemstellungen einer Verfälschung des Bieres durch minderwertige oder gesundheitsschädliche Zutaten, oder Preistreiberei sind heute noch die gleichen.

Die Bierherstellung war, wie man bereits aus diesen Gesetzestexten König Hammurabis ersehen kann, damals eine Domäne der Frauen und ist es dann bis ins Mittelalter geblieben, bis Mönche in den Klosterbrauereien die Frauen langsam zu verdrängen begannen. Im privaten Bereich – dem Brauen von Bier für den Hausgebrauch – blieb diese Tradition aber bis ins frühe 20. Jahrhundert erhalten. Zur Heiratsausstattung jeder Braut gehörte ein großer zumeist kupferner Kessel, der einerseits zum Wäschewaschen aber gleichwertig auch zum Brauen von Bier verwendet wurde.

In Mesopotamien war Bier nicht nur das Hauptgetränk, sondern diente als Tausch- und Zahlungsmittel und ebenso als Maßeinheit für die Entlohnung von Arbeitern. Es wurden bereits mehrere Sorten unterschiedlicher Stärke und Qualität gebraut.

In Ägypten wiederum war das Bierbrauen ein Staatsmonopol. Jeder, vom Pharao abwärts über die Offiziere und Beamten bis hinunter zu den Sklaven, erhielt täglich, je nach Stand und sozialem Rang, eine genau festgelegte Menge an Bier und Brot. Den Verstorbenen wurde neben Speisen auch Bier in Tonkrügen ins Grab mitgegeben, als Wegzehrung für die lange Reise ins Totenreich. Den Ägyptern waren bereits mehr als 20 verschiedene Biersorten bekannt, die sich in Zusammensetzung und Alkoholgehalt deutlich voneinander unterschieden. Mit chemischen Analysen hat man aus den Überresten dieser Grabbeigaben die Zutaten bestimmt und als besondere Attraktion werden heute diese so genannten Pharaonenbiere in Ägypten nachgebraut, wobei zu bezweifeln ist, ob diese Biere so geschmeckt haben. Von den Ägyptern übernahmen Griechen, Juden und später die Römer das Wissen über die Kunst des Bierbrauens.

War Bier bei den Ägyptern noch ein wohl angesehenes Grundnahrungsmittel, so wurde es in der Folge bei den Griechen und Römern – klimatisch bedingt – durch den Wein verdrängt. Bier geriet durch Propaganda der römischen Herrscher als „barbarisches“ Getränk in Verruf. Vor allem deshalb, weil Kelten und

Germanen, die Feinde der Römer in Zentraleuropa, Biertrinker waren, Römer aber dem Wein als Getränk einer scheinbar „höheren“ Zivilisation den Vorzug gaben. Kaiser Julian (331–363 n. Chr.) verstieg sich in einem Spottgedicht sogar zur Behauptung: „Wein duftet nach Nektar, Bier aber stinkt nach Bock“. Sein Nachfolger Kaiser Flavius Valens hingegen trank wiederum sehr gerne Bier. Die medizinischen Wirkungen des Bieres waren ihnen aber sehr wohl bewusst. So erwähnte der griechische Arzt Hippokrates (ca. 460–377 v. Chr.) einer der Begründer der wissenschaftlichen Heilkunde, diverse Anwendungsmöglichkeiten und Heilwirkungen des Bieres. Hippokrates empfahl Bier als ein „linderndes Mittel, gleichmäßig und ausgleichend, angenehm einzunehmen“ mit genügend Flüssigkeit Durst stillend, die Verdauung und die Ausscheidung fördernd, sowie gegen Schlaflosigkeit, zur Senkung des Fiebers und zur Entwässerung.

Hippokrates (ca. 460 bis 377 v. Chr.)

Kelten und Germanen verwendeten als Bitterstoffe für ihre Biere damals nicht den, – ihnen bereits als Gemüse ähnlich dem Spargel bekannten – Hopfen, sondern die wesentlich bitterere Eichenrinde, diverse Gewürzkräuter und vor allem Hanf.

Einen wesentlichen Anteil an der Entwicklung des Brauwesens in Mitteleuropa hatten im Mittelalter die christlichen Mönche. Irische Mönchen brachten im Zuge der Christianisierung das Wissen, wie Bier gebraut wird, in unseren Raum und gründeten in Ettal und St. Gallen in der Schweiz die ersten Klosterbrauereien im Alpenraum. Die Pläne der Brauereien – es gab mehrere Brauereien für verschiedene Biere pro Kloster – von St. Gallen sind erhalten geblieben und bezeugen den bereits sehr weit entwickelten technischen Stand des klösterlichen Brauwesens.

Ein Hauptgrund für die rasche Ausbreitung der Klosterbrauereien waren die ziemlich strengen Fastengebote der jeweiligen Orden. Die Mönche erkannten nämlich bald, dass Bier nicht nur ein erfrischendes Getränk ist. Wenn man es nur kräftig genug einbraute, konnte es auch einen guten Teil des täglichen Kalorienbedarfs decken und die langen Fastenzeiten leichter ertragen helfen. Tagelang, ja manchmal sogar wochenlang durfte nach den Ordensregeln keine feste Nahrung aufgenommen werden, nur das Trinken war erlaubt, ganz nach dem kirchlichen Grundsatz: „liquida non frangunt ieunum“ Flüssiges bricht das Fasten nicht. Aus dieser Zeit stammt der irreführende Begriff „flüssiges Brot“ was auf unser heutiges Bier, wie wir sehen werden, in dieser einfachen, verkürzten Form nicht mehr zutrifft.

In den Klöstern entwickelte sich sehr bald eine eigene Bierkultur, und das Klosterbier war von weit besserer Qualität als die Biere der Umgebung. Sehr bald erkannten findige Mönche, dass mit dem Bierausschank eine interessante Einnahmequelle für das Kloster erschlossen werden konnte. Aber nicht nur die Klöster erkannten dies. Auch Kaiser, Könige und Fürsten zogen aus der Vergabe von Brauberechtigungen – und immer wieder aus der Besteuerung des Bierbrauens – ihre Vorteile.

Klöster, denen das Braurecht zuerkannt worden war, konnten wie gewerbliche Brauereien wirtschaften und in Konkurrenz zu den weltlichen Braustätten treten. Gegenüber diesen hatten Sie jedoch nicht unwesentliche Wettbewerbsvorteile. Sie verfügten über preiswertes Getreide aus eigenem Anbau, aus Abgaben und Zehnten und über nahezu kostenlose Arbeitskräfte. Auch waren sie von der Entrichtung von Steuern befreit und nie von Brauverboten betroffen. Solche Verbote wurden bei Missernten von der Obrigkeit erlassen, um das Getreide der lebenswichtigen Broterzeugung zur Ernährung der Bevölkerung zuzuführen.

Eine der wichtigsten Klosterbrauereien war und ist das Kloster Weihenstephan bei München, das 1146 seine Brauberechtigung erhielt. Die Braustätte gilt als eine der ältesten noch heute existierenden Brauereien der Welt. Seit 1930 befindet sich dort die Fakultät für Brauwesen der Technischen Universität München. Ab 1150 wussten die Mönche in Weihenstephan bereits um die Bedeutung des Hopfens bei der Biererzeugung. Ihre Hopfenäcker lagen zwischen Inn, Alz und Salzach, im Salzburger Land, in Ober- und Niederösterreich, in Kärnten und in Tirol.

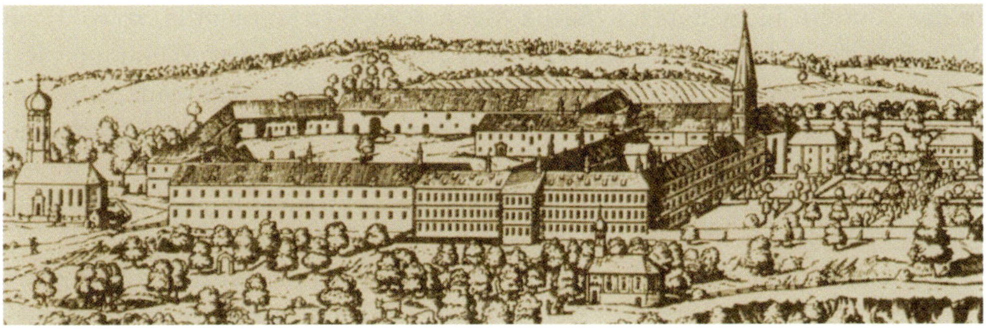

Kloster Weihenstephan bei München

Das Reinheitsgebot von 1516

Die Fürsten und Herrscher sahen sich zum Schutz der Gesundheit der Bevölkerung immer wieder veranlasst, strenge Brauverordnungen gegen das Bierpanschen zu erlassen. Denn das was man im Mittelalter als Bier trank, hatte mit dem, was wir heute darunter verstehen, so gut wie nichts gemeinsam. Von den Grundzutaten wurden neben Gerste auch Weizen, Hafer, Hirse, Bohnen, Erbsen und andere stärkehaltige Körner genommen, soweit sich diese nur irgendwie vermälzen ließen. Hopfen wurde nachweislich erst ab dem Spätmittelalter der Würze beigegeben, obwohl er bereits ab dem 8. Jahrhundert als Kulturpflanze angebaut wurde. Absonderlich anmutende Beigaben wie Pech, Ochsengalle, Schlangenkraut, Eier, Ruß oder Kreide neben vielen Gewürzen, Heilkräutern und Hanf aus den Klostergärten führten dazu, dass am 23. April 1516 der Bayernherzog Wilhelm IV. ein „Reinheitsgebot“ erließ, das als „Deutsches Reinheitsgebot“ noch heute im deutschen Biersteuergesetz enthalten ist.

Weniger bekannt ist, dass bereits rund 100 Jahre vor dieser Verordnung eine ähnliche Bestimmung in Augsburg in Kraft getreten ist. Diese Verordnung schrieb die ausschließliche Verwendung von Wasser, Gerstenmalz und Hopfen zur Biererzeugung vor. Der vierte Bestandteil, die Bierhefe, war zu diesem Zeitpunkt noch gar nicht bekannt. Hefezellen sind ja erst bei 800facher Vergrößerung unter dem Mikroskop erkennbar. Aber keine Regelung ohne Ausnahme. Das von den Bayern so geschätzte Weißbier, hergestellt aus Weizenmalz, wurde von dieser Regelung ausgenommen, wobei sich die Bayerischen Herzöge das Braumonopol für diese Weizenbiere sicherten und sich damit über Jahrhunderte eine nicht unattraktive Einnahmequelle erschlossen. Das Reinheitsgebot wurde aber auch auf „sanften“ Druck der kirchlichen Obrigkeit erwirkt. Wie wir oben gesehen haben wurden in den Klöstern nicht unbeträchtliche Mengen an Bier konsumiert, sowohl von Mönchen als auch von Nonnen. Das überwiegend verwendete Würzmittel war der Hanf, ein Verwandter des Hopfens, dessen leicht aphrodisierende, anregende Wirkung einem klösterlich, zölibaten Leben nicht unbedingt zuträglich war. Die beruhigende, schlaffördernde Wirkung des Hopfens hingegen kam der Geistlichkeit hier schon eher entgegen, wodurch man das Reinheitsgebot als das erste „Drogengesetz“ der Welt bezeichnen kann.

Die Gärung des Bieres erfolgte im Mittelalter weitgehend durch die in der Raumluft enthaltenen „wilden“ Hefen. Dass es dabei zu Fehlgärungen und Geschmacksbeeinträchtigungen kam, lässt sich unschwer vorstellen. Trotz allem war

Wie das Pier summer vñ winter auf dem Land sol geschenckt vnd praüen werden

Item Wir ordnen/setzen/vnnd wöllen/ mit Rathe vnnser Lanndtschafft / das füran allennthalben in dem Fürstenthumb Bayrñ/auff dem lande/ auch in vnsern Stettñ vñ Märckthen/da deßhalb hieuor kain sonndere ordnung ist / von Michaelis biß auff Georij / ain maß oder kopffpiers über ainen pfenning Müncher werung/ vñ von sant Jorgen tag/biß auff Michaelis / die maß über zwen pfenning derselben werung / vnd derenden der kopff ist / über drey haller/bey nachgesetzter Pene/nicht gegeben noch außgeschenckht sol werden. Wo auch ainer nit Mertzñ / sonder annder Pier prawen/oder sonst haben würde/sol Er doch das/kains wegs höher/dann die maß vmb ainen pfenning schencken/vnd verkauffen. Wir wöllen auch sonderlichen/ das füran allenthalben in vnsern Stetten/Märckthen/vñ auff dem Lannde/zů kainem Pier/merer stückh / dañ allain Gersten /Hopffen/vñ wasser/genomen vñ gepraucht sölle werdñ. Welher aber dise vnsere Ordnung wissentlich überfaren vnnd nit hallten wurde / dem sol von seiner gerichtzöbrigkait / dasselbig vas Pier/ zůstraff vnnachläßlich/ so offt es geschicht / genommen werden. Yedoch wo ain Gäuwirt von ainem Pierprewen in vnnsern Stettñ/ Märckten/oder aufm lande/yezůzeitñ ainen Emer piers/ zwen oder drey/kauffen / vnd wider vnnter den gemaynnen Pawrsuolck außschenncken würde/ dem selben allain/ aber sonnßt nyemandts/sol dye maß / oder der kopffpiers/ vmb ainen haller höher dann oben gesetzt ist/ zegeben/ vñ/ außzeschencken erlaubt vnnd vnuerpotñ.

Bier in dieser Zeit das mit Abstand hygienischste und damit dem Konsumenten bekömmlichste Getränk. Wasser und Milch waren durch mangelnde bzw. völlig fehlende sanitäre Einrichtungen in den Städten mit Keimen und Bakterien belastet und verunreinigt. Dagegen wurde die Würze des Bieres zumindest einmal mit Hopfen gekocht und damit sterilisiert. Dass der Hopfen mit seinen Inhaltsstoffen antiseptisch wirkt, wusste man zu dieser Zeit freilich nicht. Ärzte und Naturwissenschaftler, wie beispielsweise Paracelsus (1493–1541), ahnten aber bereits diese Zusammenhänge. In einer wenig wissenschaftlich aufgeklärten Zeit gerieten viele Bierbrauer im Mittelalter unter „Zauberverdacht“. Vereinte doch Bier in sich die vier Elemente Wasser im Brauwasser, Getreide für Erde, Luft bei der Gärung und Feuer im Brauvorgang. Beim Brauen wurde aus dem festen Stoff Getreide ein neues Produkt das flüssige Bier, ein dem ungebildeten Laien unbegreiflicher alchemistischer Vorgang!

Paracelsus (1493–1541)

(Levity.com server)

Lagerbiere nach Wiener Art

Der nächste große Entwicklungsschritt im Brauwesen geschah Mitte des 19. Jahrhunderts. Mit der Erfindung der ersten elektrischen Kühlanlangen im Jahr 1870 durch Carl v. Linde (1842–1934) war es damit möglich ganzjährig untergärige und damit länger haltbare Biere herzustellen. Bis zu dieser Zeit war es nur in der kalten Jahreszeit möglich länger haltbare, untergärige Biere zu erzeugen. Mit großem Aufwand wurden daher aus Eisteichen und von Gletschern im Winter Eis „geerntet", das dann in den so genannten Eiskellern der Brauerei gelagert wurde. Der Name „Märzenbier" stammt noch aus dieser Zeit, war es doch vor Erfindung der elektrischen Kühlung in Mitteleuropa nur ungefähr bis in den Monat März hinein möglich untergärige Biere – die zur Gärung eine Temperatur unter 10° Celsius benötigen – zu brauen. Mit dem Einsatz der elektrischen Kühlaggregate war es, unabhängig von äußeren Witterungseinflüssen, möglich ganzjährig transportier- und haltbare Biere zu erzeugen. Die neuen Verkehrsmittel wie Eisenbahn und Dampfschiff beschleunigten dann die Entstehung und Ausbreitung von Markenbieren, die vorher eher im lokalen Bereich für den Konsum vor Ort gebraut wurden. Es setzte damit aber auch ein Konzentrationsprozess im Brauwesen ein, der heute noch nicht abgeschlossen ist. Wenige weltweit agierende Braukonzerne beherrschen mittlerweile den Braumarkt mit uniformen Einheitsbieren, die qualitativ und geschmacklich immer gleich schmecken müssen und sollen und untereinander austauschbar sind. Durch Pasteurisierung zur Haltbarmachung und die mechanischen Filterung der Hefebestandteile mit Kieselgurfiltern aus dem Bier wurde der Schritt vom Lebens-Mittel hin zum Getränk vollzogen. Viele der früher natürlich im Bier enthaltenen Inhaltsstoffe, wie die Vitamine des B-Komplexes in der Hefe, sind bei diesem Globalisierungsvorgang aus dem Bier verschwunden.

Ein weiterer Meilenstein in der Entwicklung zu unseren heutigen Bieren war die Erforschung der Hefe als Ursache der alkoholischen Gärung und deren Vermehrung in Reinzucht. Mit diesen Hefestämmen aus dem Labor, die immer in gleich bleibender Qualität zur Verfügung stehen und die sich die Brauereien z.T. sogar patentrechtlich schützen lassen, gelingt es standardisierte qualitativ gleich bleibende Biere zu erzeugen. Wurden bis ins 19. Jahrhundert überwiegend dunkle, obergärige, schlecht haltbare und nicht lagerfähige Biere gebraut, so trat mit der Entwicklung eines neuen Brauverfahrens des Österreichers Anton Dreher 1841 das Lagerbier von Klein-Schwechat bei Wien aus seinen Siegeszug um die ganze Welt an. Nichts hat in den Jahrtausenden von den Sumerern bis heute die Bier-

Im Eiskeller (Franz Reil)

herstellung so nachhaltig verändert, ja revolutioniert, wie dieses neue „Lagerbier" des Anton Dreher. Dieses helle, untergärige Bier, das sich deutlich von den trüben, dunklen Bieren der Konkurrenz unterschied, wurde von den Konsumenten begeistert aufgenommen. Über Pilsen und Budweis, die tschechischen Bierzentren, damals ein Teil der Donaumonarchie, gelangte dieses Verfahren nach München, wurde ständig verfeinert, an der Technischen Hochschule wissenschaftlich analysiert und weiterentwickelt. Auch heute noch wird die überwiegende

Erste Lindesche Kältemaschine (Technisches Museum, Wien)

Mehrzahl der weltweit gebrauten Biere nach diesem von Anton Dreher entwickelten Verfahren gebraut.

Ein weiterer wichtiger Schritt hin zu einer neuen Bierkultur war zu Ende des 19. Jahrhunderts die Entwicklung der **Glasflaschen** zuerst mit dem **Bügelverschluss** mit Porzellanverschluss und im Anschluss daran die **Kronenkorkenverschlüsse** mit den Zacken, wie sie auch heute noch verwendet werden. Damit war es erstmals möglich Bier nicht nur in den Schenken, oder das zu Hause gebraute zu trinken, sondern Bier konnte jetzt auf Vorrat eingekauft und in den eigenen Wänden getrunken werden. Heute werden in Europa zumeist die genormten **Euromehrwegflaschen** für die Flaschenbiere verwendet, welche umweltgerecht mehrmals befüllt werden. Für individuelle Biere werden aber verstärkt eigene Flaschen entwickelt, ebenso wie eigene Gläser z. T. von Designern für die verschiedenen Biertypen entworfen werden. In letzter Zeit haben sich für die Biere verstärkt die so genannten **NRW-Flaschen** durchgesetzt, welche etwas höher aber schlanker sind und nach Angabe der Hersteller weniger Luft im Flaschenhals haben, wodurch eine geringere Gefahr von Infektionen besteht und die Biere damit noch länger haltbar werden.

Moderne Brauereien ähneln heute in ihren Dimensionen riesigen Industrieanlagen mit Schornsteinen, Labors, Gärtanks, Lagerkellern und Abfüllanlagen die computerunterstützt in einem industriellen Prozess Bier erzeugen. Betriebseigene Labors und begleitende Kontrollen sichern die immer gleich bleibende Qualität des Gerstensaftes. Leider gehen aber in diesem arbeitsteiligen Prozess viele wertvolle Inhaltsstoffe des Bieres verloren. Moderne Filteranlagen in den Brauereien filtern die letzten Bestandteile der Hefe nach dem Gärvorgang aus dem Bier. Die „blanken", hellen Biere sind dadurch länger haltbar und weniger anfällig für Geschmacksveränderungen. Die lebenden Mikroorganismen der Hefe würden nach dem Gärvorgang mangels Nahrungsangebot in Form von Zucker absterben, sich zersetzen, als Trübstoff am Boden der Bierflasche ablagern und könnten als in Zersetzung übergegangene Lebewesen den Geschmack des Bieres negativ verändern. Die Kehrseite der Medaille ist, dass natürlich viele der Inhaltsstoffe der Bierhefe, wie Vitamine und Spurenelemente, oder die Inhaltsstoffe des Hopfens wieder teilweise aus dem fertigen Bier entfernt werden. Das gleiche gilt für die Pasteurisation, bei der das Bier in den Flaschen nach dem Abfüllen kurz auf 72° Celsius erhitzt wird. Damit werden eventuelle Verunreinigungen in den Flaschen, die zu unerwünschten Fehlgärungen führen könnten, abgetötet. Aus einem „lebenden" Grundnahrungsmittel wird damit aber ein mehr oder weniger „totes" Getränk. Ar-

Anton Dreher

gumentiert wird, dass der Konsument und vor allem die Vertriebsschienen über Supermärkte und Tankstellen, wo das Bier nicht immer bei optimalen Temperaturen und Lichtverhältnissen gelagert werden kann, ein Produkt fordern, dass diesen Lagerbedingungen optimal entspricht.

Durch den weltweiten Konzentrationsprozess im Brauwesen sind die vielen lokalen und regionalen Braustätten, die zumeist nur für einen Ort oder nur für das eigene Lokal Bier gebraut haben, verschwunden, oder die kleineren Marken wurden in größere Braukonzerne integriert. Leider ging damit aber auch die Sorten- und Geschmacksvielfalt der Biere verloren. Diese den Markt beherrschende Braukonzerne sind natürlich ein nicht unwesentlicher Wirtschaftsfaktor mit ihren Werbeeinschaltungen in den Medien, als Sponsoren von sportlichen Großveranstaltungen und als Arbeitgeber. Dem gegenüber stehen noch eine Vielzahl mittelständischer und kleiner Brauereien, welche im regionalen und lokalen Bereich mit Spezialbieren punkten können. Im Wettbewerb mit den Großkonzernen stehen diese kleinen Brauereien aber von der Kostenseite auf verlorenem Posten. Innovative Biere, gepaart mit traditioneller Braukunst, mit verblüffenden geschmacklichen Ergebnissen kommen aber überwiegend aus diesen kleinen Braustätten, die das Bierbrauen als handwerkliche Arbeit und nicht als industriellen Fertigungsprozess betrachten.

Einzig in **Bayern** und hier vor allem in **Franken** konnten viele kleine Brauereien, welche nur wenige Gaststätten belieferten, überleben. Spät – beinahe zu spät für viele dieser traditionellen kleinen Brauereien – begann Ende der 80er Jahre Anfang der 90er Jahre des 20. Jahrhunderts eine Gegenbewegung einzusetzen und es entstanden wieder kleine **Wirtshausbrauereien** und verloren gegangene und vergessene Bierspezialitäten wurden wieder nach alten Rezepten gebraut und von den Bierliebhabern sofort begeistert angenommen.

Parallel dazu entwickelte sich auch die entsprechende Bierkultur. War es vor einiger Zeit noch gänzlich unmöglich oder beinahe undenkbar in der gehobenen Gastronomie zu einem Essen ein Bier zu bestellen, führen heute Restaurants analog den Weinkarten auch eine **umfangreiche Bierkarte** zur Auswahl zu den jeweiligen Speisen und ein gepflegtes **„Pils“ als Aperitiv** wird heute selbstverständlich neben allen anderen Aperitivs angeboten.

Die heutzutage international agierenden großen Braukonzerne sind immer auf der Suche nach neuen **Bierkreationen**, die den einigermaßen gesättigten Massenmarkt in Europa durch neue Biere beleben wollen und sich damit von der Konkurrenz abheben wollen. Begonnen hat dieser Prozess vor einigen Jahren mit den Mischbieren wie **Radler** aus Bier und Zitronenlimonade und ähnlichem, die bereits fertig in Flaschen abgefüllt wurden. Einige Zeit hatte man auch durch die in Lizenz, oder direkt durch Import aus Mexiko, gebrauten **Maisbiere**, welche aus der Flasche mit einer Limettenspalte getrunken wurden ein neues, vor allem zumeist jugendliches Publikum angesprochen. Neuerdings liegen so genannte *„Eisbiere“* voll im Trend, welche fast gefroren und wiederum nur aus der Flasche getrunken werden. Diese ständige Suche nach neuen Bierkreationen führt zu neuen Biersorten, wie die Beigabe von **Hanf** und **Chilischoten** an Stelle von Hopfen. Die meisten Neuentwicklungen und das Experimentieren mit neuen Geschmacksnuancen erfolgen aber sicherlich in den **USA** und **Kanada,** wo für mitteleuropäische Begriffe undenkbare **Gewürzzutaten** und Ersatzstoffe beim Brauen zu Hause, wie auch in den kleineren Brauereien verwendet werden.

Hausbrauerei

Rohstoffe für die Biererzeugung

Bier ist ein aus Wasser, Hopfen und Malz hergestelltes und durch Hefe vergorenes kohlensäurehältiges, leicht alkoholisches Getränk. Es ist eigentlich überraschend, welche Sortenvielfalt sich nur durch leichte Variationen bei diesen Zutaten herstellen lässt. In Mitteleuropa hat sich an den erlaubten Zutaten, bedingt auch durch den Einfluss des „Deutschen Reinheitsgebotes", wenig geändert, während sich in anderen Ländern vor allem in Übersee auch andere Zutaten bei der Biererzeugung als zulässig herausgestellt und durchgesetzt haben. Aus Kostengründen wird zum Teil das teure Malz durch wesentlich billigere, stärkehältige Zerealien ersetzt, es sind dies vor allem Reis, Weizen und Mais, welche in der Form von Rohfruchtbeigabe zugesetzt werden. Die Enzyme des Gerstenmalzes spalten dann diese stärkehältigen Getreidesorten beim Brauvorgang auf. Viele Spezialitätenbiere vor allem in Belgien, Frankreich und den Niederlanden verwenden neben ungemälztem Weizen (Rohfrucht) auch die Zugabe von Früchten zur Biererzeugung, hier vor allem Kirschen, Himbeeren und ähnliche Obstsorten. Verpönt sind aber bei der Biererzeugung in Europa alle chemischen Zusätze zur Stabilisierung des Schaums, oder chemische Konservierungsmittel. Für das Brauen zu Hause sind alle diese chemischen und damit künstlichen Beigaben weder notwendig noch anzuraten.

Gerade aus dem Heimbraubereich aus **Großbritannien** kommen immer wieder Fertigmischungen, zumeist in dehydrierter Form, welche zu Hause nur durch die Beigabe von Wasser zum Vergären gebracht werden und ein **„bierähn-**

(Holzeis)

liches“ Getränk erzeugen. Gerade dieses Buch macht es sich zur Aufgabe wegzukommen von diesen *„Instantgetränken“*, hin zu Selbstgebrautem, aus Hopfen, Wasser und Malz. Diese Fertigmischungen werden als **„Bier Kits“** – angeboten, wobei es hier wieder zwischen fertigen Mischungen, welche bereits auch den Hopfen enthalten und Halbfertigprodukten, welche nur flüssiges Malz enthalten, zu unterscheiden gilt. Um eine ordentliche Vergärung sicherzustellen ist darüber hinaus zumeist eine nicht unbeträchtliche Menge Zucker notwendig.

Selbstverständlich gibt es Spezialbiere, welche gerade von ausgefallenen Spezialzutaten leben, wie beispielsweise die *Trappistenbiere* in **Belgien** und **Holland**, welche in der Flasche mit **Kandiszucker** nachvergoren werden, oder das *Geuze*, welches ähnlich wie Champagner aus verschieden alten Biersorten verschnitten wird und in einer champagnerähnlichen Flasche mit einem Korken verschlossen abgefüllt wird.

Vor Augen halten sollte man sich beim Brauen zu Hause aber immer, dass das Bierbrauen angewandte Biotechnologie ist. Dabei gilt als oberster Grundsatz aus natürlichen Rohstoffen, unter Ausnützung der natürlichen Vorgänge ein naturbelassenes Getränk, ohne chemische Belastungen herzustellen! Gerade in den Mengen wie Sie Bier zu Hause herstellen, kommt es selbstverständlich immer wieder zu Abweichungen im Geschmack, abhängig von den eingesetzten Rohstoffen, daher wird es Ihnen kaum gelingen mehrmals hintereinander das gleiche Bier herzustellen. Aber gerade diese **Sortenvielfalt** und die individuellen Abweichungen im Geschmack machen das Bierbrauen zu Hause so interessant und spannend. Wie bei allen Tätigkeiten macht auch beim Bierbrauen Übung den Meister. Lassen Sie sich daher von Misserfolgen nicht abhalten immer wieder neue Brauversuche zu starten. Um aus Ihren Erfahrungen die richtigen Erkenntnisse für die Zukunft ziehen zu können, empfehlen wir Ihnen unbedingt Aufzeichnungen in Form eines **Brauprotokolls** zu führen (das Muster eines solchen Brauprotokolls finden Sie auf Seite 107).

WASSER

Der wichtigste Rohstoff zur Bierbereitung ist **Wasser**, immerhin sind beinahe 90 % im Endprodukt Bier dieser eingesetzte Rohstoff. Die Güte des Bieres hängt vorwiegend von der **Qualität** und der Zusammensetzung des Brauwassers ab. Es ist daher kein Zufall, dass es früher – trotz Unkenntnis dieses Sachverhaltes – und ohne aufwendige chemische Analysen des Wassers in manchen Gegenden besonders gute Biere gab und heute noch gibt. Beispielsweise das originale *„Pilsner"* in **Pilsen,** welches weltberühmt ist und dessen guter Ruf fast ausschließlich auf die hervorragende, weil weiche Wasserqualität des **böhmischen Brauwassers** zurückzuführen ist.

Heute kann man mit Hilfe modernster chemischer Analysen die Zusammensetzung des Brauwassers exakt bestimmen und mit den verschiedensten **physikalischen** und **chemischen** Verfahren Wasser für Brauzwecke vor dem Brauen **aufbereiten**, denn nur dort wo es geeignetes Wasser in ausreichender Menge gibt, kann man auch gutes Bier brauen. Die Brauereien wissen um die Bedeutung des Brauwassers für die Biererzeugung und scheuen daher keine Kosten und Mühen um Wasser für ihre Brauzwecke aufzubereiten. Mittels Filter, Wasserenthärtungsanlagen, Gips, gelöschtem und ungelöschtem Kalk, sowie Phosphatausscheidern (Ionentauscher) wird das Wasser in den Brauereien vor dem Brauen auf die für das jeweilige Bier notwendige Härte aufbereitet. Brauwasser soll **möglichst weich** – nicht über 10 deutsche Härtegrade – sein, möglichst frei von Nitraten, Magnesium, Schwefel und anderen vor allem organischen Verunreinigungen. Andererseits werden gewisse Spezialbiere wie beispielsweise das *„Kölsch"* mit besonders hartem Wasser gebraut und dieses harte Wasser ergibt dann den individuellen Geschmack dieses Bieres. Der Härtegrad des Brauwassers bezeichnet den Gehalt an **Salzen, Mineralstoffen** und **Spurenelementen**, die völlig natürlich aus dem Boden gelöst werden. Die Gesamthärte des Wassers setzt sich aus der **Karbonhärte** und der **Nichtkarbonhärte** zusammen. Für das Bierbrauen zu Hause ist vor allem die Karbonhärte entscheidend, weniger die Nichtkarbonhärte, da beispielsweise die Hopfengabe sehr stark vom Härtegrad des Wassers abhängig ist. Hartes Brauwasser benötigt wesentlich weniger Hopfen, da das Bier ansonsten stark bitter wird und dann unangenehm aufdringlich nach Hopfen schmeckt. Pilsbiere, die mit extrem weichen Wasser gebraut werden, vertragen hingegen wesentlich größere Hopfengaben, ohne dass die Bitterstoffe des Hopfens aufdringlich werden. Dunkle Biere werden vorwiegend aus härterem Brauwasser gebraut und mit weniger Hopfengabe gehopft als helle Biere. Die Eigenschaften des Brauwassers sind für den individuellen Geschmack des Bieres mitverantwortlich und nicht zuletzt bestimmend für die jeweilige Bierqualität. Bei hartem Wasser verbinden sich die Wassersalze beim Brauen mit den löslichen Stoffen des Malzes und des Hopfens und beeinflussen negativ die Arbeit der Enzyme des Malzes. Hartes Wasser führt – bei gleichen Rohstoffen – zu eher dunklen Bieren, weiches Brauwasser tendenziell zu helleren Bieren. Zudem ergibt hartes Brauwasser je Sud eine wesentlich geringere Ausbeute, daher enthärten Brauereien ihr Brauwasser heute zumeist auf einen Wert von 2 bis 5 deutsche Härtegrade, um im beinharten Konkurrenzwettbewerb bestehen zu können.

Sollte Ihr Brauwasser für die von Ihnen zu brauen beabsichtigten Biersorten zu hart sein, haben sie einige Möglichkeiten dieses Brauwasser aufzubereiten. Da wie bereits erwähnt vor allem die Karbonhärte sich negativ auf die Brauergebnisse auswirkt, besteht die Möglichkeit durch das **Kochen des Brauwassers** vor dem Brauen dieses aufzubereiten. Der Kalk fällt nach einiger Zeit im Wasser aus und lagert sich als **Bodensatz** im Kochgefäß ab. Unerwünscht ist dieser Kalk, oder Kesselstein auch beim Kochen in der Küche. Mit einem Schlauch ziehen Sie das erkaltete Brauwasser nach einiger Zeit vorsichtig aus dem Kessel ab, ohne dabei den Bodensatz mitzureißen. Unter Berücksichtigung von Verdunstung und Schwund, benötigen Sie für rund 20 l Bier 25–30 l Brauwasser und um dieses durch Kochen aufzubereiten ist ein beträchtlicher Energieaufwand erforderlich.

Eine andere einfache chemische Form der Aufbereitung des Brauwassers ist, so dieses mehr als 10° Härte aufweist, die Beigabe von gewöhnlichem **Gips**. Dabei benötigen Sie für 10 l Brauwasser rund 1 TL Gips, der aufgelöst und dem Brauwasser unter Rühren beigegeben wird. Anschließend wird das Brauwasser wieder vorsichtig mit einem Schlauch abgezogen, so dass der Bodensatz im Gefäß verbleibt. Weiters besteht die Möglichkeit durch Beigabe in oben beschriebener Form von **gelöschtem** oder **ungelöschtem Kalk** das Brauwasser aufzubereiten. Für das Brauen zu Hause sollte das Aufbereiten des Brauwassers nur die **letzte Alternative** sein. Besser ist es mit dem zur Verfügung stehenden Brauwasser auszukommen und Biere mit diesen Härtegraden zu brauen versuchen. Es gibt ja wie erwähnt Biere, die mit extrem hartem Brauwasser erzeugt werden.

In Spezialgeschäften sind so genannte **Jonentauscher** erhältlich, welche mit verschiedensten Füllungen dazu verwendet werden stark belastetes Trinkwasser für menschliche Genüsse aufzubereiten.

Der **pH-Wert** (Säurewert) des Brauwassers soll nicht über 5 liegen, da bei höheren Werten die Enzyme des Malzes den Stärke- und Eiweißabbau nicht so stark vollziehen wie bei entsprechend niederen pH-Werten. Dieser pH-Wert beeinflusst entscheidend die Tätigkeit der Enzyme und damit ebenfalls die Ausbeute des Sudes. Bei höheren Werten ist es für den Hobby-Bierbrauer das einfachste, den pH-Wert des Brauwassers durch **biologische Säuerung** mit beispielsweise lebensmittelechter Milchsäure auf den gewünschten niedrigen pH-Wert zu bringen. Andererseits ist aber von einer allzu großen Behandlung des Brauwassers beim Brauen zu Hause abzuraten, da es einen Eingriff in einen natürlichen Rohstoff bedeutet, der den größten Anteil am Endprodukt – dem fertigen Bier – hat, und aus ökonomischer Sicht eine kleine Verbesserung der **Sudausbeute** für Sie nicht diese Bedeutung hat wie bei einer großen Brauerei, welche im Wettbewerb mit anderen Brauereien steht und daher alle Wettbewerbsvorteile voll nutzen muss.

Den Härtegrad ihres Wassers können Sie über ihr lokales Wasserwerk erfragen, wo man Ihnen auch den pH-Wert des Wassers bekannt geben wird. Selbst prüfen können Sie den pH-Wert des Wassers mit im Fachhandel erhältlichem **pH-Indikatorpapier** zur Bestimmung des Säuregrades von Flüssigkeiten. Dabei halten Sie ein Teststreifchen in das von Ihnen ausgewählte Brauwasser und vergleichen anschließend die Farbe des Teststreifchens mit dem Farbton an der Skala der Schachtel. Sollte ihr lokales Wasser für Brauzwecke zu sehr verunreinigt sein, können Sie auch **Tafelwasser** oder **Mineralwasser** (ohne Kohlensäure) für das Brauen zu Hause verwenden, was natürlich die Kosten Ihres Bieres nach oben treiben wird.

Zum Brauen, sowohl zu Hause als auch in den Brauereien, wird aber Wasser nicht nur als Rohstoff der Biererzeugung eingesetzt, sondern eine mehrfache Menge an Wasser wird für **Kühl**- und vor allem für **Reinigungszwecke** verwendet, nachdem **Hygiene** bei der Biererzeugung oberstes Gebot ist und dabei hygienisch einwandfreies Wasser benötigt wird.

Die Brauereien wissen um die Bedeutung von optimalem Brauwasser und scheuen keine Mühen und Kosten um diesen so wichtigen Rohstoff immer in ausreichender und qualitativ gleich bleibenden Mengen zur Verfügung zu haben.

HOPFEN

(Holzeis)

Hopfen ist ein dem Hanf verwandtes Kletter- bzw Schlinggewächs, das als Feldfrucht in **Hopfengärten** angebaut wird. Der Hopfen schlingt sich dabei entlang von Hopfenstangen oder Hopfendrähten bis zu acht Meter in die Höhe. In der Wachstumsphase wächst Hopfen rund 15 Zentimeter pro Tag. Er kommt in wilder Form an Bachrändern, im Wald und in Hecken vor, wo er als Schmarotzerpflanze Bäume und Sträucher als Wirtspflanzen benützt. Für die Biererzeugung werden vorwiegend die **unbefruchteten weiblichen Dolden** des Hopfens verwendet, einige englische Biere werden aber auch mit den männlichen Dolden des Hopfens gebraut, (nähere Informationen dazu erhalten Sie bei der Beschreibung dieser Spezialbiere). Die Inhaltsstoffe des Hopfens, die so genannten **Lupulin-Körner** enthalten bitter schmeckende Stoffe, die dem Bier seine charakteristische Würze und Herbheit verleihen.

Der Anteil des Hopfens am fertigen Bier ist, abhängig von der jeweiligen Biersorte, mit rund 200–500 Gramm pro Hektoliter zwar relativ gering, doch ohne diesen charakteristischen Bitterton des Hopfens würde Bier, wie wir uns dieses erfrischende Getränk heute vorstellen, nicht nach Bier schmecken. Bereits die Babylonier und Ägypter verwendeten den Hopfen bei ihrer Biererzeugung; die Germanen jedoch zuerst die wesentlich bitterere Eichenrinde, obwohl ihnen der Hopfen als Kulturpflanze durchaus bekannt war und die Hopfenspitzen ähnlich dem Spargel als Gemüse gegessen wurde, eine Tradition – welche sich in Belgien bis auf den heutigen Tag gehalten hat.

Wurde früher der Hopfen vorwiegend dazu verwendet um das **Bier haltbar** zu machen, ohne zu wissen, dass die Inhaltsstoffe des Hopfens **antibakteriell** wirken, so wird heute der Hopfen überwiegend seines edlen, herben Geschmackes wegen bei der Biererzeugung eingesetzt. Besonders wichtig ist aber eine Eigenschaft des Hopfens, welche beim Brauen genutzt wird – die Unterstützung der **Eiweißabscheidung** – beim Kochen der Würze. Durch das Kochen fallen die Eiweißbestandteile der Würze aus und werden als Heißtrub und später nach dem Abkühlen als Kalttrub aus der Würze gefiltert, oder in einem Whirlpool abgepumpt.

Grundsätzlich unterscheidet man zwei verschiedene Sorten von Hopfen bei der Bierproduktion, den **Bitterhopfen** einerseits und den hochwertigen und auch wesentlich teureren **Aromahopfen** andererseits wie er vor allem in den heute zumeist gebrauten untergärigen Biersorten nach *Pilsner* Art Verwendung findet.

Ganze Regionen sind heute durch den Hopfenanbau geprägt, wie beispielsweise in **Bayern** die **Hallertau, Spalt** und das Gebiet um **Tettnang**, oder das **tschechische Saaz** mit seinem weltberühmten Aromahopfen für die *Pilsner* Biere. Der weltgrößte Produzent dieses für die Biererzeugung so notwendigen Rohstoffes ist Bayern, wo beinahe 70 % der Weltproduktion dieses Agrarproduktes angebaut werden.

Der Hopfen bewirkt bei der Biererzeugung eine bessere **Eiweißausscheidung**, und durch die Hopfenbeigabe kommt es beim fertigen Bier zu weniger physikalisch bedingten Trübungen. Er beeinflusst darüber hinaus positiv die Konsistenz des **Bierschaums** und durch seine stabilisierende Wirkung wird das Bier länger haltbar. Sämtliche Wirkstoffe und Inhaltsstoffe des Hopfens sind bisher noch gar nicht restlos analysiert und erforscht. Neueste wissenschaftliche Ergebnisse deuten auf krebshemmende Wirkungen der Inhaltsstoffe des Hopfens (Xanthohumul) hin – zumindest in Laborversuchen – was das Biertrinken noch interessanter machen wird. Bier auf Krankenschein rückt damit in greifbare Nähe. Prof. Back an der Technischen Universität München in Weihenstephan experimentiert mit einem „Xanbier", bei dem die Inhaltsstoffe des Hopfens in größeren Mengen – aus medizinischen Gründen – im trinkfertigen Bier verbleiben.

Hopfen wird zum Brauen in unterschiedlichster Form angeboten, von der getrockneten Hopfendolde **(Naturhopfen)**, als **Hopfenpulver** in Dosen oder in so genannten **Pellets** (gepresste kleine, etwa zigarettendicke Stangen), bis hin zu **flüssigem Hopfenextrakt.** Welche dieser Verarbeitungsformen

Hopfenpellets (Holzeis)

des Hopfens zur Biererzeugung herangezogen werden, ist nicht so entscheidend, wichtiger ist die **Qualität des Naturhopfens** aus dem das jeweilige Fertigprodukt hergestellt wurde. Gerade hier gibt es starke sorten- und jahrgangstypische Unterschiede hinsichtlich des Aromas und der Bitterstoffe. Die **ätherischen Öle** des Hopfens sind hochflüchtig. Daher ist eine optimale Lagerung dieses Agrarproduktes bei entsprechend niedriger Temperatur (im Kühlschrank) und entsprechender Luftfeuchtigkeit besonders wichtig. Hopfen verliert bei unsachgemäßer Lagerung bis zu 35 % seines Brauwertes innerhalb eines einzigen Jahres, da seine feinen Aromastoffe verloren gehen. Wie gesagt hat die Form der Hopfenzugabe im Brauvorgang weniger Einfluss auf die Qualität des Bieres, sehr wohl aber gibt es Qualitätsunterschiede je nach Anbaugebiet und Hopfensorten. **Vorsicht daher bei der Hopfenbeigabe zur Würze!** Gerade die richtige Dosierung des Hopfens erfordert sehr viel Fingerspitzengefühl und vor allem Erfahrung. Als Grundregel gilt: je mehr Hopfen, desto herber, bitterer wird das Bier; je weniger Hopfen, desto milder, malziger schmeckt es. Auch hier gilt wie so oft im Leben: *„Probieren geht über Studieren"!* Der Lieferant ihres Hopfens liefert Ihnen sicherlich eine Produktbeschreibung mit, oder ein Braumeister gibt Ihnen Auskunft über Qualität und vor allem Intensität des verwendeten Hopfens. Beispielsweise sind die getrockneten und gepressten Hopfenpellets und das Hopfenpulver als Konzentrat wesentlich intensiver als der getrocknete Naturhopfen in Doldenform. Im angeschlossenen Rezeptteil gehen wir immer von Hopfenpellets aus, da sich diese wesentlich leichter dosieren und wiegen lassen als getrockneter Naturhopfen. Außerdem sind Hopfenpellets auch **vakuumverpackt** in kleineren Mengen erhältlich und damit leichter zu Hause lagerfähig. Diese bilden beim Filtern auch weniger Rückstände und erleichtern damit den Filtervorgang, wohingegen getrocknete Hopfenblätter das Gewebe des Filters beim Würzefiltern leichter verstopfen.

Für die Biere nach *„Pilsener Art"* mit ihrer ausgeprägten herbbitteren Geschmacksnote wird vorwiegend hochwertigster Aromahopfen verwendet. Bei anderen Bieren mit eher malzigem Charakter werden verschiedene andere Sorten herangezogen. Der jeweilige Braumeister verwendet Mischungen aus verschiedenen Hopfensorten um seine eigene Biernote zu brauen. Aber auch die Qualität und hier vor allem wieder die Härte des Brauwassers beeinflussen die jeweilige Hopfenmenge und -auswahl. Kalkhaltiges, hartes Wasser beispielsweise verstärkt die Bitterstoffe des Hopfens, der Brauer benötigt daher beim Brauen geringere Mengen. Dabei besteht die Gefahr, dass das Bier dann nicht „rund" schmeckt und die erwünschte Herbheit des Hopfens aufdringlich wird. Der Hopfen wird beim Kochen der Würze nicht auf einmal beigegeben, sondern die so genannte **Hopfengabe** verteilt sich auf bis zu fünf Dosierungen, wobei die hochwertigsten und teuersten Hopfensorten erst am Ende des Kochprozesses der Würze beigefügt werden.

Dass die entsprechende Qualität auch ihren Preis hat, braucht eigentlich nicht extra erwähnt zu werden. Auch wenn im fertigen Produkt nur rund 20 % der Hopfenbitterstoffe verbleiben, wäre es falsch hier bei der Qualität zu sparen. Die Inhaltsstoffe des Hopfens sind, wie bereits erwähnt, nicht nur für den Geschmack verantwortlich, sondern wirken sich positiv auf die Haltbarkeit des Bierschaums aus. Die Hopfenöle verleihen dem Bier sein Aroma, und die Gerbstoffe wirken sich positiv auf Haltbarkeit und Lagerfähigkeit des fertigen Bieres aus. Auch die **antiseptische Wirkung** der Lupulin (Bitterstoffe) -Körner, die im Bier die **Vermehrung von Milchsäurebakterien verhindert**, ist für die Biererzeugung nicht unwesentlich. Bei gewissen Sorten wie zum Beispiel der *„Berliner Weiße"* und belgischen Spezialbieren werden Spezialkulturen von Milchsäurebakterien hingegen bewusst als Bereicherung der Geschmacksvielfalt eingesetzt, welche sonst von den Brauern seit Jahrtausenden gefürchtet werden, da diese unerwünschten Milchsäurebakterien das Bier sauer und damit ungenießbar werden lassen.

Hopfen ist ein besonders heikles Agrarprodukt: Wird er zu warm oder nicht luftdicht gelagert, verliert er innerhalb eines Jahres bis zu 35 % seines Brauwertes, da die flüchtigen, feinen Aromen des Hopfens bei unsachgemäßer Lagerung verloren gehen. Der beste Platz, um den Hopfen für das Brauen zu Hause zu lagern, ist daher der Kühlschrank im Gemüseabteil.

Hopfenanlage

(Verband der Brauereien Österreichs)

BRAUMALZ

(Holzeis)

Der zweite, nach dem Wasser von der Menge her wichtigste Rohstoff ist das **Braumalz**, welches überwiegend aus zweizeiliger Sommergerste **(Braugerste)** erzeugt wird. Diese Braugerste unterscheidet sich von der Futtergerste dadurch, dass diese mehr Stärke enthält, die durch die im Braumalz enthaltenden Enzyme in **Maltose** (Malzzucker) umgewandelt wird. Futtergerste hingegen weist weniger Stärke, aber mehr Eiweiß auf und eignet sich daher besser für die Ernährung von Tieren. Für gewisse Spezialbiere wird auch **unvermälzte Braugerste** oder **Weizen** als so genannte Rohfruchtbeigabe verwendet.

Die Braugerste wird durch den Prozess des Vermälzens zu Malz verarbeitet, dabei wird die Braugerste durch Hinzufügen von Wasser zum Keimen gebracht und dann bei hoher Temperatur **gedarrt** (getrocknet). Wenn in diesem Buch von Malz gesprochen wird, ist grundsätzlich Gerstenmalz gemeint. Viele Spezialbiere, vor allem jene welche nicht der Tradition des „Deutschen Reinheitsgebotes" unterliegen, verwenden aber auch andere Malzsorten, wie **Weizenmalz, Roggenmalz, Dinkel** und ähnliche Getreidesorten zum Teil vermälzt oder ungemälzt in Form einer **Rohfruchtbeigabe**.

Aus ökonomischen Gründen werden andere, vor allem **billigere Substitute** wie beispielsweise **Reis** oder **Mais** dem Gerstenmalz beigegeben, wobei die Enzyme des Gerstenmalzes eine Aufspaltung dieser Rohfrucht in Zucker besorgen.

Maltose und **Dextrine** sind jene Bestandteile des Malzes, die sich aus der im Malz vorhandenen Stärke bilden, sich dann im Endprodukt Bier (umgewandelt in Alkohol und Kohlensäure) wiederfinden und denen die sprichwörtliche Nahrhaftigkeit des Bieres nachgesagt wird, wie bereits die **hl. Hildegard von Bingen** im Mittelalter wusste. Die Nahrhaftigkeit des Bieres wird übrigens meistens ziemlich überschätzt. Vielmehr wird durch die Appetit anregende Wirkung von Bier mehr feste Nahrung aufgenommen, was in der Folge zur Gewichtszunahme führt. Bier an sich ist daher keine „Kalorienbombe" oder gar „flüssiges Brot".

Der Stärkeabbau des Malzes wird durch zwei verschiedene Enzyme ermöglicht: **Alphaamylase** und **Betaamylase**, die bei verschiedenen Temperaturen arbeiten.

Enzyme sind Biokatalysatoren, die in lebenden Zellen erzeugt werden und biochemische Prozesse auslösen oder beschleunigen, wobei diese Enzyme dabei selbst unverändert bleiben. Man kann also vereinfacht sagen, dass Bier aus **vergorenem Zuckerwasser** entsteht, wobei der biochemisch ablaufende Prozess seit Jahrtausenden der gleiche geblieben ist. In gut gemälztem Malz sind viele Enzyme enthalten, welche bei verschiedenen Temperaturen im Brauvorgang aktiv werden und dann die Stärke der Braugerste in Zucker umwandeln. Gutes Braumalz enthält zwischen 60 – 80 % Stärke, neben wichtigen mineralischen Spurenelementen wie **Phosphaten, Kieselsäure, Kalium, Eisen und Schwefel,** die dann als wichtige Inhaltsstoffe im fertigen Bier zu finden sind.

Weltweit wird aus mehr als **300 verschiedenen Braugerstensorten** Malz für das Bierbrauen erzeugt. Es ist verblüffend welche **Geschmacksvielfalt** sich durch Variationen dieser Braugerstensorten, die zum Teil von eigenen Vertragsbauern für die Brauereien angebaut werden, erzielt werden kann. Für das Brauen zu Hause können Sie mittlerweile im einschlägigen Fachhandel aus einer Vielzahl verschiedener Sorten wählen. Darüber hinaus gibt es für Spezialbiere, vor allem englische und amerikanische Biere, bereits fix und fertig gemischte Malzsorten. Auch heute noch werden die Braumalze von den Brauern noch zumeist nach den Ursprungsorten der Biere bezeichnet. So ist beispielsweise ein Malz nach **„Wiener Art“** eher für helle Biere geeignet, wohingegen ein **„Münchner Malz“** eher dunklere Biere bei gleicher Menge Malz ergibt. Bei unseren Rezepten finden Sie neben der Bezeichnung helles Malz in Klammer zumeist auch die genaue Typenbezeichnung, welches Sie auch im Versandgeschäft unter diesen Bezeichnungen erhalten können.

Für erste Brauversuche könne Sie Mischungen in flüssiger Form – so genannte **Bierkits** – verwenden. Sie werden aber von den geschmacklichen Ergebnissen nicht immer völlig überzeugt sein. Wir empfehlen Ihnen daher für das Brauen zu Hause echtes Malz, wenn verfügbar bereits in geschroteter Form zu verwenden. Geschrotetes Malz ist nur eine bestimmte Zeit lagerfähig und sollte daher umgehend verbraut werden. Der Fachhandel bietet dieses Malz in **geschroteter Form vakuumverpackt** an. Ungeschrotetes Malz ist wesentlich länger lagerfähig als geschrotetes Malz, da bei diesem die Enzyme nach einiger Zeit inaktiv werden. Viele dieser spezialisierten Fachhändler bieten bereits fertige Malzmischungen für bestimmte Mengen an, die regelmäßig erscheinenden Kataloge geben hier genauestens Auskunft über Mengen und Preise. Günstiger, da der Kleinmengenzuschlag und die teuren Transportkosten wegfallen, ist der Bezug über eine kleine Hausbrauerei oder ihre örtliche Brauerei, wo Ihnen der Braumeister zusätzlich mit Rat bei auftretenden Fragen zur Verfügung steht. Der Zusammenschluss mehrerer Hobbybrauer ermöglicht den gemeinsamen Bezug größerer Mengen, wodurch die nicht unwesentlichen Porto- und Versandkosten der Kleinmengen deutlich reduziert werden können. Durch den Erfahrungsaustausch mit Braukollegen wird Ihr neues Hobby dadurch noch interessanter.

Das Mälzen

Zum besseren Verständnis sei hier noch einmal der **Mälzprozess** kurz beschrieben. War früher die Mälzerei ein wichtiger Bestandteil jeder Brauerei, hat sich heute der Beruf des Mälzers als eigener Erwerbszweig vom Beruf des Brauers abgespalten. Heute haben nur mehr wenige, zumeist riesige Braukonzerne, eigene Mälzereien, welche dann auch für andere Brauereien im Lohnverfahren Braumalz erzeugen. Mälzereien sind heute Dienstleistungsbetriebe, welche im Auftrag der Brauereien das ihnen von diesen zur Verfügung gestellte Rohprodukt, die Braugerste, nach deren Wünschen und Anforderungen mälzen.

Zur Zeit werden beinahe alle Malzsorten in elektrischen **Wandermälzen** mit **Heißluft** erzeugt, während früher das Malz über **offenem Feuer** gedarrt (geröstet) wurde, was dem Malz seinen charakteristischen, rauchigen Geschmack verlieh. Nur einige Spezialbiere in **Franken** werden heute noch als **„Rauchbiere"**, aus über offenem Buchenfeuer geröstetem Malz, erzeugt.

Die grafische Darstellung auf Seite 38 veranschaulicht die einzelnen Arbeitsschritte beim Mälzen. Die zweizeilige Sommergerste (Braugerste) wird nach einer gründlichen Reinigung in der **Weiche** mit Wasser vermischt, einige Tage in Wasser eingeweicht und bei rund 18° C zum Keimen gebracht. Unter ständigem Umschütten (daher der Name Wandermälze), damit die feuchte Braugerste nicht verschimmelt, keimt so die Gerste ungefähr eine Woche lang bei 18°-25° C und wird anschließend je nach gewünschtem Malz bei Temperaturen von 80°-105° C gedarrt (getrocknet). Die Braugerste keimt dabei auf rund das doppelte Volumen ihrer Ausgangsmenge und bildet dabei Keimlinge – ähnlich den aus den Chinarestaurants bekannten Sojasprossen. Man nennt dieses noch nicht gedarrte oder geröstete Malz **Grünmalz**. **Helles Malz** für die Herstellung heller Biere wird bei rund **80° C** getrocknet. **Dunkles Malz** für echte dunkle Biere, nicht für gefärbte Biere, werden hingegen bei Temperaturen **über 100° C** gedarrt, eher schon geröstet.

Der Malzvorgang

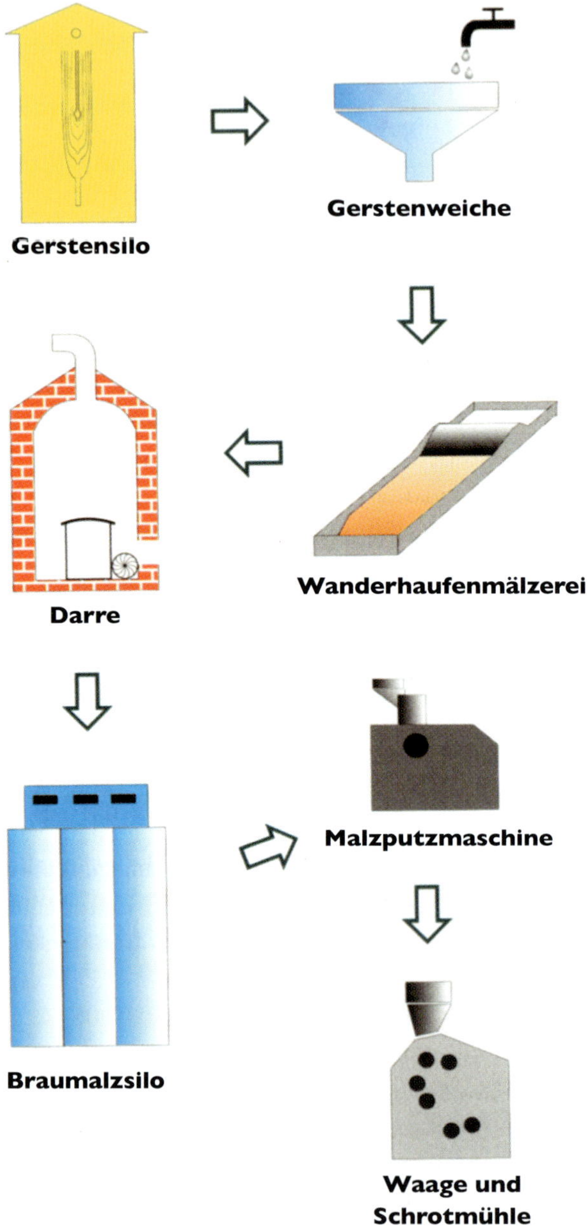

(Herwig Steiner)

Da das Herstellen von Braumalz sehr zeitaufwendig und umständlich ist, empfehlen wir Ihnen das Malz für das Brauen Ihres Bieres bereits als fertiges Braumalz zu beziehen. Selbstverständlich können Sie, so Sie den Aufwand nicht scheuen, diesen Prozess auch zu Hause nachvollziehen im **Backrohr** oder in **Dörrgeräten**, wie sie für das Trocknen von Obst Verwendung finden. Besser jedoch ist es bei der Herstellung von Braumalz zu Hause auf den schwierigen und auch sehr zeitaufwendigen Prozess des Röstens zu verzichten und das **ungeröstete Grünmalz** für Ihre Brauversuche zu verwenden. Dieses Grünmalz hat den Vorteil, dass es noch wesentlich mehr aktive Enzyme enthält als das bereits gedarrte Malz, da durch das Darren unweigerlich eine bestimmte Menge der Enzyme inaktiv werden. Für gewisse Spezialbiere verwenden die Brauereien eine geringe Menge Grünmalz, vor allem wenn diese über eine eigene Mälzerei verfügen. Der Grund warum Grünmalz nicht im Handel erhältlich ist liegt einzig daran, dass es nicht lager- und transportfähig ist und nach dem **Keimen sofort verbraucht** werden muss. Für das Brauen zu Hause ist das Verwenden von Grünmalz, oder Teilen von Grünmalz kein Nachteil, da Sie ja Malz nicht in riesigen Mengen selbst mälzen werden. Wenn Sie mit **Rohfruchtbeigaben** bei Ihren Brauversuchen arbeiten eignet sich dann dieses Grünmalz besonders um die Stärke der Rohfruchtbeigabe in Zucker spalten zu können.

Das aus der Braugerste entstandene Malz wird nun vor dem eigentlichen Brauprozess erst zerkleinert, damit sich die brauwichtigen Bestandteile im Brauwasser besser lösen können. Dazu werden große **Schrotmühlen** verwendet, welche das Malz eher zerquetschen und nicht zu Mehl vermahlen. Ungeschrotetes Malz ist aber wesentlich länger lagerfähig als das für das Brauen bereits geschrotete (zerkleinerte) Malz. Sie sollten daher, so Sie eine eigene **Getreidemühle** besitzen, das benötigte Malz immer frisch schroten. Auch einige **Mehrzweckküchenmaschinen** besitzen entsprechende Aufsätze, welche ein Schroten des Malzes erlauben. Zu erwähnen ist noch, dass beim Schroten zu Hause eine gewisse, nicht ganz zu verhindernde Staubentwicklung entsteht, daher ist bereits geschrotetes und vakuumverpacktes Malz einer eigenen Zerkleinerung vorzuziehen! Weniger gut geeignet sind **Kaffeemaschinen**, da die Zerkleinerung nicht genau gesteuert werden kann, das Malz daher zu stark zerkleinert wird und die Kapazität solcher Kaffeemaschinen sehr begrenzt ist. Bei einer Malzmenge von rund 3 – 5 kg sind diese Kaffeemaschinen zumeist überfordert. Ganz gut geeignet sind für das Zerquetschen der Malzkörner Geräte, wie sie in Drogerien und Reformhäusern erhältlich sind um aus **Getreide Flocken** herzustellen. Wenn auch der Zeitaufwand recht groß ist um

3–5 kg Malz zu quetschen ist das Ergebnis dabei relativ zufrieden stellend. Auch Küchengeräte zum **Reiben von Nüssen** und **Raspeln** elektrisch oder im Handbetrieb sind für das Schroten des Braumalzes bedingt einsetzbar.

Bei allen diesen Verfahren ist wie schon mehrfach erwähnt eine gewisse Staubentwicklung nicht ganz zu verhindern, so dass gewisse Heimbraubücher das Schroten von **vorgeweichtem Malz** empfehlen. Um kein vorzeitiges Arbeiten der Enzyme des Braumalzes auszulösen, sollte die Temperatur bei der das Malz mit Wasser vermischt wird 8–10° C nicht übersteigen. Die Einweichdauer kann ruhig einige Stunden betragen, oder auch über Nacht erfolgen. Das so zerkleinerte Malz – es entsteht schon eher ein Teig – muss nach dem Schroten auf jeden Fall sofort weiterverarbeitet (eingemaischt) werden! Sie sollten immer nur die für das jeweilige Brauen erforderliche Menge einweichen. Beachten Sie, dass damit natürlich bereits Wasser für das Einweichen eingesetzt wird, was die Wassergabe beim Einmaischen beeinflusst. Die Enzyme des Malzes beginnen bereits durch die Zugabe von Wasser zu arbeiten, was zu veränderten Verzuckerungsergebnissen führen kann.

Karamelmalz

Um den Geschmack des Bieres abzurunden, werden speziell behandelte so genannte *„Karamelmalze“* verwendet, welche im einschlägigen Fachhandel auch erhältlich sind. Diese speziell behandelten Malze verleihen dem Bier seinen **vollmundigen Geschmack.** Diese Spezialmalze werden nur in geringen Mengen der Maische beigegeben (Zugabe maximal 20 *Gewichts* % der Maische).

Färbemalze

Beim Brauen dunkler Biere werden dem hellen Malz auch **Färbemalz,** das sind bei höherer Temperatur gedarrte Malze, beigegeben, welche das helle Bier dunkel färben. Nicht zu verwechseln sind diese Färbemalze mit dunklem Malz, das zum Brauen dunkler Biere eingesetzt wird. Um Geschmacksbeeinträchtigungen durch diese dunklen Malze zu vermeiden soll die Beigabe von Färbemalz nicht mehr als 2 % der Schüttung des Gesamtmalzes betragen! Vielfach werden aber in den Brauereien heute diese dunklen Biere nicht mit dunklem Malz erzeugt, sondern mit **Zuckercouleur** nach dem Brauen gefärbt. Die Herstellung dieses einzigen nach dem „Deutschen Reinheitsgebot" zulässigen Zusatzstoffes zum Färben obergäriger Weißbiere wird noch gesondert beschrieben.

Karamel- sowie Färbemalz können, wenn diese nicht im Versandhandel erhältlich sind, mit einigem Aufwand auch zu Hause im **Backrohr** selbst aus hellem ungeschrotetem Malz erzeugt werden. Dabei wird 1 kg helles Malz mit ½ l Wasser vermischt bis das Wasser vollständig vom Malz aufgenommen wurde. Im Backrohr bei 64° C erfolgt jetzt die Verzuckerung des Malzes. Dabei erfolgt der gleiche biochemische Prozess wie beim Maischen des Malzes im Brauwasser. Um die relativ große Menge im Backrohr verzuckern zu können (bei geschlossenem Backrohr), ist eine Zeit von rund 3–4 Stunden notwendig. Wollen Sie **Karamelmalz** erzeugen wird anschließend das Malz bei **rund 170–180° C** getrocknet. Das Backrohr wird dabei soweit geöffnet, dass die Flüssigkeit des Malzes entweichen kann. Bei diesen Temperaturen karamelisiert der Zucker des Braumalzes, ähnlich dem bei der Zuckercouleurherstellung beschriebenen Verfahren. Dieser Röstprozess dauert wieder rund 2 Stunden. Während des Röstens besprühen Sie das Malz immer wieder mit Wasser, um den Flüssigkeitsverlust auszugleichen. Wollen Sie **Färbemalz** erzeugen wird anschließend die Temperatur noch einmal schnell auf rund 220° C erhöht. Wie Sie sehen ist das Selbsterzeugen dieser beiden Malzsorten recht **zeitaufwendig und energieintensiv**, sollten Sie trotzdem beabsichtigen diesen Vorgang zu Hause durchzuführen empfehlen wir Ihnen beide Malzsorten in einem Arbeitsschritt herzustellen im Verhältnis 4 : 1 Karamelmalz zu Farbmalz, da Karamelmalz in wesentlich größeren Mengen zum Brauen eingesetzt wird als das Farbmalz zum Färben des Bieres. Das fertige Karamel- sowie Farbmalz sollte möglichst lufttticht und kühl gelagert werden, da es ja auf Vorrat für mehrere Brauversuche hergestellt wird. Geeignet sind luftdichte Plastiktüten oder Glasdosen mit Drehverschlüssen.

Grünmalz

Als Grünmalz bezeichnet man das beim Mälzvorgang **nach dem Keimen** entstandene, ungedarrte Malz, welches vom Volumen durch die Keimlinge rund doppelt so groß ist wie das Ausgangsprodukt, die Braugerste. Das Grünmalz wird in verschiedenen Spezialbieren oder bei Verwendung von relativ viel Rohfrucht auch in den Brauereien eingesetzt, da dieses Grünmalz mehr Enzyme enthält und sich daher hervorragend eignet um die Stärke der Rohfruchtbeigabe in Zucker aufzuspalten. Beim Darren werden ja wieder ein Teil der Enzyme abgetötet. **Kaufen können Sie** dieses Malz – als Zwischenprodukt der Braumalzerzeugung – **nicht**, da es nicht lagerfähig und transportierbar ist. Wenn Sie Braugerste selbst zu Braumalz verwandeln wollen, können Sie das Grünmalz ohne den schwierigen Umweg des Darrens oder Röstens direkt für Ihr Bierbrauen zu Hause verwenden.

Weizenmalz

Für die sich in letzter Zeit wieder steigender Beliebtheit erfreuenden *Weizenbiere*, oder wie sie in **Bayern** auch genannt werden *Weißbiere*, wird neben Gerstenmalz auch Weizenmalz eingesetzt. Auch die *Berliner Weiße* und viele **belgische** und **englische** Biersorten enthalten Weizenmalz als Beigabe. Zumeist werden diese Biere wieder nach dem ursprünglichsten Brauverfahren mit obergärigen Hefen vergoren. Weizen wird zur Biererzeugung aber nicht nur gemälzt, sondern auch ungemälzt in Form einer so genannten Rohfruchtbeigabe eingesetzt. Das „Deutsche Reinheitsgebot" erlaubt als einzige Ausnahme und Abweichung vom Gerstenmalz für die Erzeugung von obergärigen Weizenbieren die Verwendung dieser Getreidesorte. Für Weizenbiere werden Mischungen bis 50 % Weizen- und Gerstenmalz verwendet, da Weizenmalz alleine keine optimale Läuterwirkung entfaltet. Gerstenmalz bildet einen natürlichen Filter beim Trennen der festen und flüssigen Maischebestandteile.

Andere Malze

Dieses Buch beschäftigt sich auch mit Bierspezialitäten und es werden in einigen Rezepten daher Zutaten aufscheinen, wie sie nach den strengen Bestimmungen des „Deutschen Reinheitsgebotes" nicht zulässig wären. Aber diese Getreidesorten, welche zur Biererzeugung herangezogen werden, haben zum Teil eine jahrtausende alte Tradition, viel länger als die Verwendung von Braugerste. Bis ins Mittelalter wurden bei uns in Mitteleuropa Biere aus **Hafer, Roggen, Dinkel, Emmer, Hirse** und anderen Getreidesorten und Mischungen erzeugt. Einige kleinere Brauereien beispielsweise die Stiftsbrauerei Schlägl in **Österreich** stellt nach altem Rezept bereits wieder ein **Roggenbier** her. Nachdem diese Spezialmalze für das Brauen zu Hause sehr schwer zu bekommen sind, da sie nur für die jeweilige Brauerei als Sonderanfertigung von den Mälzereien erzeugt werden, empfehlen wir Ihnen beim Brauen solcher Spezialbiere, oder beim Experimentieren mit neuen Rezepturen, einen Anteil in Form von ungemälztem Getreide (Rohfruchtgabe) zu verwenden. Diese Getreidesorten sind in den Reformhäusern und Drogerien sehr oft auch aus **biologischem Anbau** erhältlich und werden dort bereits geschrotet. Wenn das Getreide in ungemälzter Form verwendet wird, muss ein Anteil Gerstenmalz verwendet werden, da die Enzyme des Gerstenmalzes die zusätzliche Aufspaltung des ungemälzten Getreides übernehmen müssen. Auch sollte das Gerstenmalz möglichst frisch geschrotet sein, da dann die Enzyme wesentlich aktiver sind. Hier gilt das beim Weizenmalz bereits Erwähnte. Viele dieser Getreidesorten entwickeln keine optimalen Filtereigenschaften, daher wird empfohlen Mischungen mit zumindest 50 % Gerstenmalzanteil zu verwenden.

Flüssigmalz

Im Handel für die Hobbybrauer werden in **Blechdosen** oder in **Gläsern** fertige Flüssigmalzmischungen angeboten. Diese sirupartige Flüssigkeit (sieht wie Honig aus) wird ebenfalls in den Mälzereien erzeugt und erspart dem Hobbybrauer den zeitaufwendigen Maischeprozess und das anschließende Läutern der Maische. Es handelt sich – um keine falschen Vorstellungen zu erzeugen – bei diesen Malzprodukten um ein aus Getreide gewonnenes Naturprodukt, das eingedickt und besser lagerfähig gemacht wurde. Das Flüssigmalz wird aus der Dose oder dem Glas nur mehr im Brauwasser aufgelöst und mit dem beigefügten Hopfen gekocht. Für erste Brauversuche sind diese **Flüssigmalzmischungen** sicherlich geeignet. Es lassen sich dabei aber kaum individuelle Geschmacksrichtungen beim Bierbrauen erzeugen. Preislich kommen diese Flüssigmalzmischungen auch relativ teuer.

Vor allem aus **England** stammen bereits fertige Flüssigmalzmischungen so genannte **beer kits**, welche bereits den Hopfen enthalten und nur mehr mit dem Brauwasser vermischt werden müssen. Hier ist der Gestaltungsspielraum des Heimbrauers verschiedene Geschmacksrichtungen herzustellen natürlich noch wesentlich geringer. *„Instantbiere“* werden bereits in **Säcken** oder Behältern geliefert, welche Malz und Hopfen nur mehr in **dehydrierter** Form enthalten! Für das Empfinden mitteleuropäischer Bierliebhaber ist diese Form der **„Biererzeugung“** kaum nachvollziehbar und wird von den Autoren abgelehnt. Wenn Sie sich inten-

Flüssigmalzmischungen

(Holzeis)

siver mit dem Brauen zu Hause beschäftigen, werden Sie sicherlich bald von diesen vorgefertigten Fertigprodukten (fast food der Biererzeugung) oder Halbfertigprodukten zu Bier aus echtem Malz wechseln.

Malzsubstitute

Zum Unterschied von den vorhin beschriebenen Spezialmalzen für die Erzeugung von entsprechenden Spezialbieren aus anderen Malzen als Gerstenmalz, verwenden die großen internationalen Braukonzerne für die Herstellung ihrer untergärigen Lagerbiere auch Malzsubstitute (Ersatzstoffe), welche wesentlich billiger als das durch den aufwendigen Malzprozess erzeugte Gerstenmalz sind. Es sind dies vor allem **Reis** und **Mais,** welche in einem Prozentanteil von 20–25 % an Stelle von Gerstenmalz der Maische zugegeben werden. Diese Form der Ersetzung des teuren Malzes durch andere stärkehältige Getreide hat **überwiegend ökonomische Gründe**. Sollten Sie beabsichtigen mit solchen Getreidesorten bei der Bierherstellung zu Hause zu arbeiten, empfehlen wir Ihnen diese Getreidesorten in **geringen Mengen** (maximal 20 % vom Gewicht der Schüttung) Ihrer Maische beizugeben, wobei Sie beim Erhitzen der Maische besonders darauf achten müssen, dass der Reis oder Mais sich nicht am Boden des Braukessels anlegt, da diese beiden Getreidesorten auf Grund ihres höheren spezifischen Gewichtes im Braukessel eher zu Boden sinken als das leichtere Braumalz und diese dadurch **leich-**

ter anbrennen, was der Maische und damit dem fertigen Bier einen **unangenehmen, rauchigen Geschmack** verleiht. Aus welchen stärkehältigen Getreidesorten Bier erzeugt wird ist für den Geschmack des Bieres wesentlich. Diese Biere, hergestellt aus *billigeren* Rohstoffen, müssen deshalb von der Qualität jedoch nicht schlechter sein. Reis und Mais sind ja wie die Braugerste ebenfalls reine Naturprodukte. Es gibt ausgezeichnete **Reisbiere,** oder wie der Erfolg des **mexikanische Maisbieres *Corona*** zeigt, können solche Spezialbiere sogar als Kultgetränke angesehen werden, auch wenn diese der mitteleuropäischen Brautradition in keiner Weise entsprechen. Wie an anderer Stelle bereits erwähnt, ist Bier – überspitzt formuliert – nur vergorenes Zuckerwasser, es könnte daher **Rüben- oder Rohrzucker** das Malz teilweise ersetzen. Gerade in der englischen und amerikanischen Literatur, wo es eine Unzahl von **Homebrewing-Büchern** gibt, wird in beinahe jedem Rezept eine nicht unwesentliche Menge Zucker für die Vergärung des Bieres angegeben. Mit Ausnahme von Spezialbieren, wie beispielsweise den ***Trappistenbieren***, die mit Kandiszucker in der Flasche nachgegoren werden, haben wir bewusst auf die Beigabe von Zucker in den Rezepten verzichtet. Sollten Sie doch Zucker beim Brauen Ihres Bieres verwenden wollen, geben sie diesen bereits der Maische bei, um eine bessere Vermischung mit dem Malzzucker, der sich aus dem Braumalz bildet, zu erreichen. Zucker ist natürlich wesentlich kostengünstiger als der sehr aufwendig zu erzeugende Malzzucker. Beachten Sie, dass durch die Zugabe von Zucker die Stammwürze stark ansteigen kann. Eine genaue Bestimmung des Stammwürzegehaltes mittels einer Bierspindel ist daher unerlässlich.

Flüssigmalzmischungen

(Holzeis)

Zucker und Zuckercouleur

Zucker könnte wie oben erwähnt theoretisch das Malz oder Teile des Malzes ersetzen. Viele Inhaltsstoffe des Bieres sind aber an das Braumalz gebunden und reines Zuckerwasser würde, wenn man es mit Hefe vergären lässt, weder von der Farbe noch vom Geschmack nach Bier schmecken. Sehr wohl jedoch wird aus Zucker hergestelltes **Zuckercouleur** zum Färben von Bier eingesetzt. Je nach eingesetzter Menge wird das damit gefärbte Bier dunkler. Echte dunkle Biere werden hingegen mit echtem dunklem Malz gebraut und nicht nachträglich mit Zuckercouleur eingefärbt.

Für das Brauen zu Hause können Sie Zuckercouleur leicht selbst erzeugen. Dabei wird **Kristallzucker** in einer Pfanne bei mäßiger Hitze erwärmt, bis der Zucker flüssig wird und sich braun zu färben beginnt. Durch ständiges Rühren verhindern Sie das Anbrennen dieser klebrigen Masse. Diese **sirupartige Masse**, welche wie Karamelbonbons riecht, wird anschließend mit Wasser aufgegossen und im Wasser durch Verrühren aufgelöst. **Achtung: ständig Rühren, sonst karamellisiert der Zucker und wird hart!** Je nach gewünschter Farbe des fertigen Bieres wird der Würze beim Kochen mit dem Hopfen von dieser Zuckercouleurmischung mehr oder weniger viel beigegeben. In Flaschen abgefüllt und gut verschlossen kann diese Zuckercouleurlösung mehrere Wochen lang im Kühlschrank aufbewahrt und für mehrere Brauversuche verwendet werden.

Dieses Färben mit Zuckercouleur ist nach den strengen Bestimmungen des „Deutschen Reinheitsgebotes" zulässig. Darüber hinaus wird Zucker und hier vor allem **Kandiszucker** zur Flaschengärung der **belgischen** und **holländischen** *Trappistenbiere* eingesetzt. Dabei wird nach der Hauptgärung beim Abfüllen in die Flaschen eine geringe Menge Kandiszucker der Flasche beigegeben, welche dann in der Flasche eine Nachgärung auslöst und das Bier geschmacklich abrundet. Dieses Verfahren ähnelt dabei der Methode, die bei der Erzeugung von Champagner eingesetzt wird.

Zusatzstoffe und Gewürze

Gab es im Mittelalter vor dem „Deutschen Reinheitsgesetz“ jede Menge – zum Teil für unsere heutigen Begriffe abenteuerlichste – Zutaten und Gewürze, einerseits um das Bier überhaupt genießbar zu machen bzw. um verdorbenes, saures Bier mit Kräutern und Gewürzen geschmacklich zu überdecken, so haben sich heute nur mehr bei einigen speziellen Bieren Gewürzzugaben erhalten.

Vorreiter auf dem Gebiet der mit Gewürzen versetzten Biere sind **Belgier** und **Briten**, welche **Koriander** oder **Wacholder** oder getrocknete **Orangenschalen** als Geschmacksbeigaben beim Bierbrauen einsetzen. Aber auch in **Deutschland** wird dem Bier, wenn schon nicht direkt beim Brauen, so doch vor dem Trinken beispielsweise bei der *Berliner Weiße* entweder **Waldmeister** oder **Himbeersaft** beigefügt, was dann zu einer deutlichen Färbung des Bieres entweder (grün oder rot) führt. Ja selbst die **Bayern** runden ihr heiß geliebtes *Weißbier*, vor allem in der gefilterten, klaren Variante des Kristallweizens, mit einer Zitronenscheibe ab!

Die so genannten *Radler*, ursprünglich eine Mischung aus Bier und alkoholfreier **Zitronenlimonade** erfreuen sich gerade bei Jugendlichen und Sportlern steigender Beliebtheit und werden heute bereits fertig gemischt in Flaschen angeboten, in mehreren Geschmacksvarianten.

Eine weitere Besonderheit vor allem in **Belgien, Frankreich** und **Holland** sind die Früchtebiere, bei denen der Maische **Kirschen, Himbeeren** oder **Erdbeeren** beigefügt werden, welche den Bieren eine geschmacklich besonders ausgefallene Note verleihen.

Unterscheiden muss man bei allen diesen Zutaten oder Zusatzstoffen zwischen Beigaben während des Brauprozesses und solchen nach dem Brauen, was üblicherweise als **Verschneiden** des Bieres bezeichnet wird. Für das Brauen zu Hause sind Ihrem Erfindungsreichtum und Ihrer Kreativität keine Grenzen gesetzt, auch wenn einige Puristen sich über solche Bierkreationen lustig machen werden. Gerade in **Amerika** haben die in unzähligen Heimbrauerklubs organisierten Hobbybrauer keinerlei Scheu mit den unterschiedlichsten Zutaten zu experimentieren. Neben zuckerhältigen Früchten wie **Ananas** und **Bananen** wird auch unter Beigabe von **Ahornsirup** und **Honig** Bier gebraut. Als Gewürzbeigaben zum Hopfen, oder auch statt des Hopfens werden von **Vanilleschoten** bis zu **Chilischoten** alle möglichen und vor allem unmöglichen Gewürze und Kräuter verwendet. Wo hier die Grenze zu ziehen ist, ist nur schwer zu sagen, bei natürlichen Zutaten spricht eigentlich Nichts gegen deren Verwendung beim Bierbrauen. Ein Zimtbier vor Weihnachten, kann durchaus eine geschmackliche Bereicherung sein – warum nicht?!

Eigentlich selbstverständlich sollte sein, dass hingegen **keinerlei chemische Zusatzstoffe**, **Schaumbilder** und **Geschmacksverstärker** beim Bierbrauen verwendet werden. Gilt dieser Grundsatz als oberste Maxime für ein gesundes Lebensmittel – und als solches ist Bier anzusehen – für die professionellen Brauereien auf Grund gesetzlicher Bestimmungen, sollte es noch in viel größerem Maße für Sie als Heimbrauer gelten. Sie sind ja sowohl Erzeuger als auch Wirt und Konsument Ihres Selbstgebrauten in einer Person.

Leider erlauben sehr viele Lebensmittelgesetze in Europa sehr wohl chemische Zusatzstoffe zum besseren **Haltbarmachen** der Biere, oder zur **Stabilisierung des Bierschaums**. Vorbildlich sind hier eigentlich nur der Codex Alimentarius Austriacus und das Deutsche und Schweizer Lebensmittelgesetz. Bedauerlicherweise werden die überwiegende Mehrzahl der heute industriell gefertigten Biere, um diese besser lagern und transportieren zu können, einer **Pasteurisation** (Erhitzung auf über 72° C) unterzogen, wodurch aus einem **„Lebensmittel"** mit lebenden Stoffen wie Hefen ein **totes Getränk** entsteht, das damit viel von seinen individuellen Geschmacksnuancen verliert. Beim Brauen zu Hause stehen Ihnen zumeist diese chemischen Zusatzstoffe gar nicht zur Verfügung, ein längerer Transport Ihres Bieres ist nicht notwendig, und eine Haltbarkeit von rund acht Wochen müsste unter normalen Bedingungen ausreichen um Ihre Produktion von 10–20 Liter Bier zu verbrauchen.

Achten Sie darauf, dass beim **unbedingt notwendigen Reinigen** der Braugefäße und Flaschen keinerlei Spülmittelreste in den Behältern und Flaschen verbleiben, einerseits verändern diese zumeist **fetthaltigen Reinigungsmittel** die Oberflächenspannung des Wassers und damit auch die des Bieres, wodurch kein ordentlicher, haltbarer Bierschaum entstehen kann, andererseits verbleiben Reste dieser chemischen Substanzen im Bier. Spülen Sie daher Ihre Geräte gründlich mit heißem und anschließend mit kaltem Wasser.

Bierhefe

Die Bierhefe spaltet den Malzzucker, der sich aus dem Braumalz gebildet hat, in Alkohol und in Kohlensäure auf. Man nennt diesen biochemischen Vorgang **alkoholische Gärung**, wobei dieser Prozess ebenso bei der Weinerzeugung, der Fruchtweinbereitung und anderen leicht alkoholhältigen Getränken wie Most und Met abläuft. Die für die Biererzeugung verwendeten Bierhefen sind Mikroorganismen, welche erst unter dem Mikroskop bei 800facher Vergrößerung sichtbar werden. Der Prozess der alkoholischen Gärung hat sich seit tausenden von Jahren nicht verändert, aber erst seit rund 200 Jahren ist es durch die Erfindung des Mikroskops möglich diese Vorgänge den Kleinstlebewesen zuzuordnen. Seit dem 19. Jahrhundert werden diese Hefen daher für die Biererzeugung in speziellen Labors in so genannter **Reinzucht** gezüchtet und vermehrt.

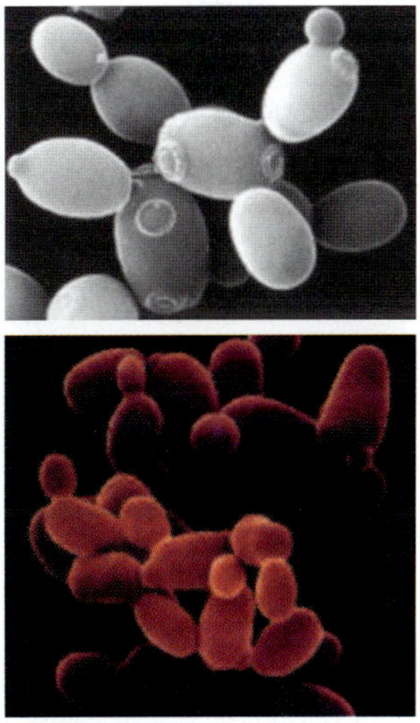

Bierhefe unter dem Mikroskop

Jahrtausendelang war man zumeist auf **„wilde Hefen“** als Auslöser der alkoholischen Gärung bei der Erzeugung von Bier angewiesen. Diese wilden Hefen, die auch heute noch in der Luft enthalten sind, können einerseits unerwünschte Gärungen auslösen, andererseits werden diese aber auch bewusst genutzt um daraus ganz besondere Biere wie beispielsweise die **belgischen *Lambic*-Biere** zu vergären.

Grundsätzlich werden bei der Bierherstellung zwei verschiedene Sorten von Hefe eingesetzt, welche sich in ihrer Gärtemperatur deutlich unterscheiden. Die **untergärigen Hefen** *(Saccaromyes carlsbergensis)*, die bei einer Gärtemperatur von 5–10° C arbeiten und die **obergärigen Hefen** *(Saccaromyces cerevisiae)*, die bei einer Gärtemperatur von 15–20° C arbeiten. Die obergärigen Hefen wurden als ursprüngliche Hefen bis zur Erfindung der **elektrischen Kühlung** durch den Deutschen **Carl von Linde** vorwiegend bei der Biererzeugung eingesetzt. Die für die Gärung untergäriger Biere durch untergärige Hefen notwendigen niederen Temperaturen waren früher ja ganzjährig zumeist nicht oder nur sehr schwer mit hohem finanziellem und personellem Einsatz erzielbar. Zur Kühlung verwendete man **Natureis**, das von eigenen Eisteichen in der Nähe der Brauerei stammte und in den Wintermonaten in riesige **Eiskeller** eingelagert wurde, was recht teuer, da arbeitsaufwendig durch Handarbeit war. Der Name **„Märzenbier"** stammt übrigens noch aus dieser Zeit, da im Monat März die letzte Möglichkeit bestand, ohne künstliche Kühlung, **länger haltbare untergärige Biere** zu erzeugen. Erst nach Erfindung der elektrischen Kühlaggregate war es möglich, unabhängig von der Jahreszeit, ganzjährig untergärige Biere herzustellen. Heute werden weltweit mehr als 80 % aller Biere mit untergärigen Hefen hergestellt, da diese Biere leichter transportierbar und vor allem haltbarer sind. Obergärige Biere werden vorwiegend noch als Spezialbiere gebraut, wobei es hier länderweise große Unterschiede gibt. Werden in **England** *Ale, Stout* und *Porter*, traditionell mit obergärigen Hefen vergoren, haben sich diese Hefen bei der Biererzeugung in **Deutschland** vor allem für die *Weißbiere*, *Alt, Kölsch* und *Berliner Weiße* erhalten.

Dieses Buch hat es sich zur Aufgabe gemacht gerade diese Bierspezialitäten in den Vordergrund zu rücken, daher werden Sie in der Rezeptsammlung verstärkt diese Biersorten, hergestellt mit obergärigen Hefen, finden.

Der zweite Grund warum wir gerade auf diese obergärigen Hefen für das Brauen zu Hause zurückgreifen ist ein rein technischer. Die Gärtemperaturen von 15–20° C lassen sich im Haushalt **leichter ohne große Installationen** erreichen und **kontrollieren,** wohingegen untergärige Hefen für das Gären eine Temperatur von 5–10° C benötigen, was ohne elektrische Kühlanlagen nur im Winter möglich sein wird. Auch ist die Gärzeit bei den beiden Hefearten sehr unterschiedlich, die obergärigen Hefen arbeiten in der Hauptgärung in 2–3 Tagen, wohingegen untergärige Hefen für das Vergären zumindest eine Woche benötigen. Auf Grund der längeren Gärzeit besteht daher eine größere Gefahr, dass wilde Hefen oder Bakterien zu Fehlgärungen führen.

Der Name untergärig und obergärig stammen von der **jeweiligen charakteristischen Eigenschaft** der jeweiligen Hefe. Nach dem Brauprozess setzen sich die untergärigen Hefen nämlich am Boden des Gärgefäßes ab, während sich die obergärigen Hefen nach der Gärung an der Oberfläche des Gärbottichs als Schaum absetzen und von dort abgeschöpft werden.

Die Bierhefe wird in den Brauereien nach der Gärung mit Filteranlagen aus dem fertigen Bier gefiltert, da die **Resthefe zu Trübungen und Geschmacksbeeinträchtigungen** des Bieres führen kann. Erst in letzter Zeit gibt es den Trend zurück zu trüben, ungefilterten Bieren, so genannten „*Zwickelbieren*“ oder „*Hefeweizenbieren*“. Beim Brauen zu Hause haben Sie die Möglichkeit nicht die restliche Hefe aus dem fertigen Bier zu filtern, andererseits sind diese **Hefebestandteile geschmacksbeeinflussend** und sehr **gesund**, da Bierhefe der größte Lieferant des **Vitamin B1 und B2 und B6 Komplexes** ist. Diese wasserlöslichen Vitamine des Vitamin B Komplexes wirken besonders positiv auf Nerven, Haut und Haare, wobei diese ungefilterten Biere aber (leider) auch einen höheren Kalorienanteil als die **blanken, gefilterten** Biere haben.

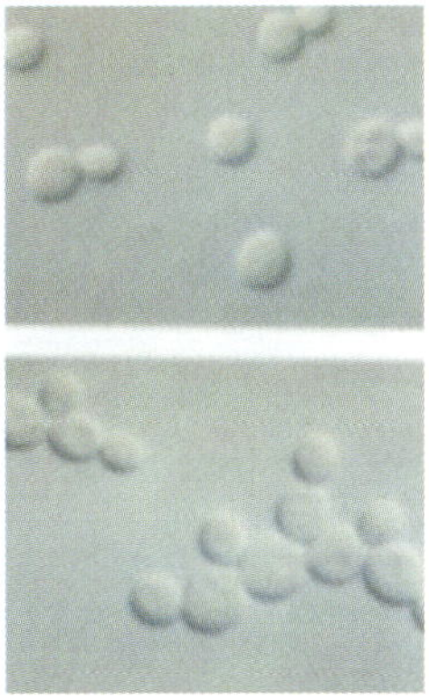

Oben: **Untergärige Hefe** *(Saccharomyces carlsbergensis)*

Unten: **Obergärige Hefe** *(Saccharomyces cerevisiae)*

In speziellen Reinzuchthefeanstalten werden heutzutage Tausende verschiedene Hefestämme in Reinkultur gezüchtet, wobei sich viele Brauereien ihre Hefestämme für ihre unverwechselbaren Biere exklusiv sichern, oder selbst in den brauereieigenen Labors vermehren. Nach jedem Gärvorgang, die Brauer sprechen hier von **Führung oder Gärführung**, wird die verwendete Hefe gewaschen und kühl für weitere Gärführungen aufbewahrt. Da sich bei der Gärung mehr Hefepilze bilden, als der Würze vor der Gärung beigegeben wurden, könnte man daher mit der eingesetzten Hefe endlos weitergären. Da aber die Gefahr der Degeneration mit der Möglichkeit von Fehlgärungen besteht, werden die verwendeten Hefen nach 5–7 Führungen durch neue Reinzuchthefen ersetzt. Zu Hause können Sie Ihre Hefen nach dem Brauen bei kühler Lagerung (Kühlschrank) sicherlich mehrmals verwenden, wobei sich bei gewissen Hefen erst bei mehrmaliger Führung die richtige **Gärleistung** einstellt.

Trockenhefe

Für das Brauen zu Hause erhalten Sie Trockenhefe in **Päckchen** abgefüllt, ähnlich der Trockenhefe für das Backen von Brot und Kuchen. Die Backhefen sind ja Verwandte der Brauhefen, was auch erklärt, warum im Mittelalter beim Bäcker die Biere zumeist besser gelungen sind, als anderswo; befanden sich in den Backstuben doch viel mehr Hefen in der Raumluft, welche eine wesentlich kontrol-

Trockenhefe
(Michael Hlatky)

liertere Gärung auslösten als bei anderen Brauern. Trockenhefe wurde in einem Trocknungsprozess das Wasser entzogen, daher müssen diese Hefen vor der Verwendung in Wasser aufgelöst (gequollen) werden, damit die Hefen **wieder belebt** werden. Den Beipackerklärungen dieser Trockenhefepäckchen können Sie die angegebene **Quillzeit** und die jeweils beizufügende Wassermenge entnehmen; ferner für welche **Menge Bier** die einzelne Hefepackung ausreicht und welche Gärtemperatur optimal ist.

Da Sie nicht wissen wie lange die Trockenhefe bereits gelagert wurde, empfiehlt es sich vor der Verwendung der Brauhefe zum Gären, diese auf ihre Gärwirkung zu überprüfen.

Hierzu ein Tipp: Wenn Sie sich nicht sicher sind, ob Ihre Trockenhefe arbeitet, fügen sie aufgekochtes (sterilisiertes) und anschließend wieder auf Quilltemperatur der Hefe abgekühltes Wasser (0,1 l Wasser auf 1 Teelöffel Zucker) der Hefe bei. Da sich Zucker durch die Hefe in Alkohol und Kohlensäure umwandelt, müssten nach einiger Zeit (1–2 Stunden) **Bläschen** auf der Hefeflüssigkeit erscheinen. Mit diesem Test haben Sie die Garantie, dass die Hefe aktiv ist und dann Ihre Würze tatsächlich in Bier verwandeln wird. An Stelle von Zuckerlösung können Sie auch Fruchtsaft zum Testen nehmen.

Wie bereits erwähnt entsteht bei der Gärung wesentlich mehr Hefe als beigegeben wurde. In den Brauereien wird diese überschüssige Hefe abgeschöpft und für weitere Gärführungen verwendet, bei obergärigen Hefen wird der Schaum vorsichtig aus dem Gärbottich abgeschöpft, bei untergärigen Hefen lagern sich diese am Boden des Gärgefäßes ab und werden von dort entnommen. Beim Brauen zu Hause können Sie in gleicher Weise verfahren und die überschüssige Hefe, jetzt in Form von **Flüssighefe,** für weitere Gärversuche aus Ihrem Gärbehälter verwenden. Durch die starke Vermehrung der Hefen können Sie **drei- bis viermal** soviel Hefe „ernten“, als Sie ursprünglich der Würze beigegeben haben. Man könnte daher theoretisch mit diesen Hefen in alle Ewigkeit weiterbrauen. Da Hefe aber wie bereits erwähnt degeneriert, sollten Sie beim Brauen zu Hause wie in der Brauerei auch nach einigen Gärführungen **neue Reinzuchthefe** verwenden.

Flüssighefe

Diese Form der Hefe entsteht nach der ersten Verwendung aus Trockenhefe und ist eine **bräunliche Flüssigkeit,** die bereits sehr intensiv nach Bier riecht. Bierhefe in dieser Form kann ohne weitere Vorbehandlung der Würze beigegeben werden. Die Beigabe sollte aber bei Gärtemperatur erfolgen, daher müssen Sie obergärige Hefen vor der Gärung einige Zeit bei Raumtemperatur warm stellen. Aufbewahren können Sie die Flüssighefe bis zu Ihren nächsten Gärversuchen in Glasflaschen im Kühlschrank. Flüssighefe erhalten Sie auch in Brauereien bzw. in kleinen Hausbrauereien. Dort erhalten Sie genaue Angaben über die Verwendung und die jeweilige Menge der Hefebeigabe.

Die Bierhefe ist eine der reichsten Quellen für die wasserlöslichen Vitamine B_1, B_2 und B_6. Die überschüssige Hefe können Sie daher als Medizin einsetzen, indem Sie täglich einen Schluck dieser Brauhefe trinken. Diese Vitamine wirken besonders positiv auf Haare, Haut, Fingernägel und Nerven!

Die überschüssige, obergärige Hefe können Sie – gelagert im Kühlschrank – einige Zeit als Backhefe für Brot und Hefekuchen verwenden.

Frisch abgefüllte Flüssighefe (Philipp Hlatky)

Der Brauvorgang in der Brauerei

Im vorigen Kapitel wurden die Rohstoffe und Zutaten für das Bierbrauen beschrieben, jetzt erklären wir Ihnen kurz den technischen Ablauf wie aus diesen Zutaten – Wasser, Malz, Hopfen und Hefe – in der Brauerei Bier entsteht.

Von außen sind die meisten Brauereien gekennzeichnet durch große Lagerhallen, einen hohen Schornstein und – je nach Stand der Bierproduktion – einen recht intensiven Geruch nach Malz. Die großen gewerblichen Brauereien sind überwiegend aus traditionelle Braustätten entstanden, an denen zumeist schon seit Jahrhunderten Bier gebraut wird. Viele dieser Brauereien bieten nach Voranmeldung Führungen durch ihren Betrieb an, oder unterhalten sogar kleine Braumuseen. Alle im Folgenden beschriebenen Arbeitsschritte werden heute in den Brauereien mit höchstem technischen Aufwand, unter ständiger, z.T. computergestützter Überwachung, unter Beachtung der entsprechenden Hygienemaßnahmen und mit dementsprechend großem finanziellen Aufwand durchgeführt.

Alle diese Arbeitsabläufe sind für das Brauen zu Hause im **wesentlichen gleich**, auch wenn die dafür erforderlichen Geräte von den Dimensionen her mit den industriellen Anlagen nicht zu vergleichen sind. Beginnend beim **Schroten des Malzes**, über das **Maischen**, das **Läutern, das Kochen der Würze** und **Abkühlen**, über das **Vergären** und das **Abfüllen** des fertigen Bieres und das **Reifen** des noch jungen Bieres im Lagerkeller.

Das Maischen

Das von der Mälzerei angelieferte Malz wird in der Brauerei vor dem eigentlichen Brauvorgang gereinigt und zerkleinert (geschrotet) und in der **Maischepfanne** oder im **Maischebottich** mit dem Brauwasser vermischt. In den meisten Brauereien werden heute Dekoktionsverfahren verwendet, bei dem immer Teile der Maische entnommen werden und in der Maischepfanne gekocht werden und anschließend wieder in den Maischebottich zurückgepumpt werden. Es sind dazu mindestens zwei Maischepfannen notwendig. Infusionsverfahren benötigen hingegen nur eine

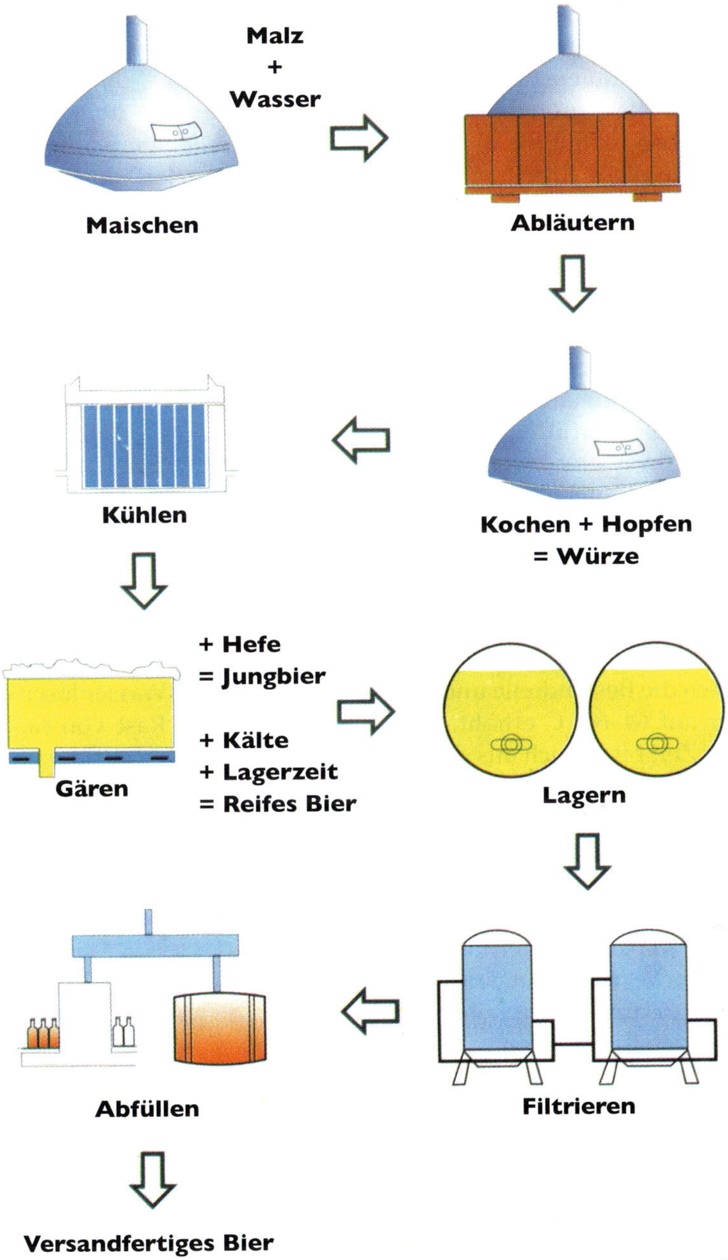

(Herwig Steiner)

beheizbare Maischepfanne. Diesen Vorgang nennt man Maischen oder Einmaischen. Dann wird dieser Malzbrei unter Einhaltung von Rastzeiten, bei denen die Enzyme des Malzes die Stärke in Malzzucker verwandeln, bis auf 78° C erhitzt. Der Braumeister überwacht im Sudhaus ständig diesen Verzuckerungsprozess und prüft mit der **Jodprobe**, ob und wieviel Malz sich bereits gebildet hat. Ein elektrisches Rührwerk sorgt dafür, dass die Maische sich nicht im Maischegefäß anlegt und dann anbrennt.

Es gibt verschiedene Maischverfahren, vom einfachen **Infusionsverfahren**, bei dem die Temperatur unter Einhaltung entsprechender Rastzeiten bis auf 78° C erhöht wird, bis hin zu Ein-, Zwei- und Dreimaischverfahren (**Dekoktionsverfahren**), bei denen Teile der Maische mehrfach entnommen, gesondert erhitzt (gekocht) und anschließend wieder der Maische beigefügt werden.

Für das Brauen zu Hause eignet sich besonders das eingangs erwähnte Infusionsverfahren, da es am einfachsten zu Hause durchführbar ist, da man nur ein Maischegefäß benötigt. Bei den Zwei- und Dreimaischverfahren lässt sich eine bessere Ausbeute und eine größere Geschmacksvielfalt erzielen, wodurch heute in den industriellen Braustätten diese aufwendigeren Brauverfahren angewendet werden.

Viele der kleinen Haus- und Wirtshausbrauereien bedienen sich des einfachen Infusionsverfahrens.

Läutern

Hat die Maische die Endtemperatur erreicht, trennt man die festen Bestandteile der Maische (**Treber**) von den flüssigen Teilen (**Würze**). Dieser Vorgang heißt **Läutern** oder **Abläutern**, wobei der Treber dabei als natürlicher Filter dient, durch den die Würze abfließt. Die dickflüssige, leicht süßliche Würze kommt in die **Würzepfanne**, während der Treber mit heißem Wasser, dem so genannten **Nachguss**, mehrmals ausgeschwemmt wird. Anschließend wird die Würze mit diesem Nachguss, der noch immer relativ viele brauwichtigen Bestandteile enthält, verdünnt. Der verbleibende Treber, der für das weitere Bierbrauen keine Bedeutung mehr hat, enthält aber noch viele wertvolle **Eiweißbestandteile** und wird als hochwertiges Viehfutter verwertet. Bauern holen diesen Treber von den Brauereien ab und verwenden ihn für die Viehmast.

Umpumpen der Maische zum Abläutern (Michael Hlatky)

Kochen der Würze

In der **Würzepfanne** wird die Würze unter Beigabe von Hopfen jetzt 1–2 Stunden lang gekocht. Das Kochen der Würze erfolgt in den Brauereien im **Sudhaus** in einer eigenen **Würze- oder Sudpfanne**, während wir beim Brauen zu Hause für Maische und Sud das gleiche Gefäß verwenden. Wie bereits bei der Beschreibung des Hopfens erklärt wurde, sind die Hopfeninhaltsstoffe (ätherische Öle) hochflüchtig, weshalb die **Hopfenbeigabe** oder **Hopfengabe** durch den Brauer nicht auf einmal erfolgt, sondern auf 2–3 Hopfengaben aufgeteilt wird. Speziell der teure, hochwertige Aromahopfen wird vom Braumeister erst am Ende dieses Kochvorganges beigegeben damit dessen besondere Inhaltsstoffe sich möglichst vollständig im Bier lösen. Welche Hopfensorten und Mischungen verschiedener Hopfensorten verwendet werden, hängt von der jeweiligen Biersorte ab, die gerade gebraut wird und ist die besondere Kunst und das Geheimnis des Braumeisters.

Durch das Kochen lösen sich die **Aromastoffe** des Hopfens, und die Würze wird bei Kochtemperatur auch **keimfrei** gemacht. Beim Kochvorgang entweicht Wasser in Form von Wasserdampf, dadurch steigt wiederum die **Konzentration der Würze** (Stammwürzegehalt) an. So kann beim Kochen der Würze der Stammwürzegehalt, der die Basis für die Entrichtung der Biersteuer ist, genau festgelegt werden. Die Hopfenbeigabe zur kochenden Würze ist aber vor allem wichtig für das **Ausscheiden der Eiweißbestandteile**, welche durch den Hopfen gefördert werden.

Filtern der Würze

Schließlich wird die heiße Würze in Filteranlagen oder in einem Whirlpool von den störenden Eiweißbestandteilen getrennt. Die Würze wird dabei im Whirlpool mit hoher Geschwindigkeit horizontal in ein großes rundes Gefäß gepumpt. Die auftretenden Zentrifugalkräfte bewirken, dass sich die ungelösten Stoffe in Form eines Kegels in der Mitte dieses Whirlpools absetzen, von wo sie dann abgepumpt werden.

Abkühlung und Gärung des Bieres

Anschließend erfolgt die möglichst rasche **Abkühlung** der Würze auf die entsprechende Gärtemperatur. Bei untergärigen Bieren wird die Temperatur auf 5° C herabgekühlt, bei obergärigen Bieren auf 20° C. Die abgekühlte Würze wird in **Gärbottiche (offen)** oder **Gärtanks (geschlossen)** umgepumpt und durch die Beigabe von Reinzuchthefe möglichst rasch zum Gären gebracht. Bei der jetzt einsetzenden Hauptgärung erfolgt die Aufspaltung des Malzzuckers in Alkohol und Kohlensäure. Nach rund einem Tag beginnt ein stürmisches Spiel. Es bildet sich eine dicke, weiße bis gelbe Schaumschicht auf der brodelnden Würze. Man nennt diesen Schaum **„Kräusen“**.

Mit einer **Würzespindel** prüft der Braumeister regelmäßig den Stand der Vergärung. Je stärker die Alkoholkonzentration im Bier zunimmt, desto geringer wird die Konzentration des Extraktes (Stammwürzegehalt). So gärt das untergärige Bier 8–10 Tage, das obergärige Bier jedoch nur 2–3 Tage, dann ist die Hauptgärung abgeschlossen.

Lagerung des jungen Bieres und Nachgärung

In den Brauereien wird dieses nun bereits fertige, aber noch junge Bier zur Nachreifung in Lagertanks gelagert. In diesen geschlossenen Lagertanks werden untergärige Biere zwischen 3–6 Monate bei Temperaturen nahe dem Gefrierpunkt zum Reifen und Nachgären gelagert. Diese Lagerung bewirkt nicht nur die Ausbildung sauberer Bieraromen, sondert führt zur Anreicherung mit natürlicher Kohlensäure, die durch die Hefe gebildet wird. Diese Kohlensäure kann aus den geschlossenen Lagertanks nicht entweichen. Aus Sicherheitsgründen sind daher an diesen Tanks Überdruckventile angebracht, welche bei entsprechend eingestelltem Druck ein Entweichen dieser überschüssigen Kohlensäure ermöglichen.

Das fertige Bier wird nun noch einmal über einen Kieselgurfilter gefiltert. Dadurch werden die letzten kleinen Trübstoffe und die Hefebestandteile aus dem Bier entfernt. Das Bier wird dadurch völlig klar und anschließend vollautomatisch in Fässer, Flaschen, Dosen bzw. Container abgefüllt.

Das Bier das die Brauereien verlässt, ist bereits trinkfertig und verliert durch länger, vor allem unsachgemäße Lagerung bei zu hohen Temperaturen und durch Lichteinwirkung schnell an Qualität. Zum Unterschied von Wein, der jahrelang lagerfähig ist und dessen Geschmack sich bei verschiedenen Sorten erst nach einigen Jahren so richtig entfaltet, ist Bier ein für den sofortigen oder zumindest baldigen Verbrauch bestimmtes Getränk. Bier ist auch sehr licht- und temperaturempfindlich. Es soll daher am besten immer stehend bei 8° C in einem dunklen Raum gelagert werden.

Das Brauen zu Hause

Haben Sie auf den vorigen Seiten einen Überblick über den industriellen Brauvorgang in einer Brauerei erhalten, stellen wir Ihnen in diesem Kapitel jetzt die Arbeitsvorgänge und -abläufe für das Heimbrauen vor. Der ablaufende Prozess ist beim Brauen zu Hause der gleiche, wenn auch Ihre Geräte einerseits von der Größe, andererseits von den technischen Bedingungen, stark abweichen. Ihr Sudkessel ist ein großer **Kochtopf** mit einer Kapazität von rund 20 Litern, das elektrische Rührwerk ersetzt ein **Kochlöffel**, den Läuterbottich ein **Industriefilter** und (oder) einige **Stoffwindeln** und die Abfüllanlage ist bei Ihnen zu Hause ein **Schlauch** oder ein Ablassventil eines lebensmittelechten Fasses. Die zumeist computergestützte Temperatursteuerung großer Brauereien übernimmt zu Hause ein **Einkochthermometer** und die biochemische Überwachung des Brauvorganges, welche in den Brauereien in eigenen Labors erfolgt, kann beim Hausbrauen mit einigen Testreagenzien aus der Apotheke von Ihnen selbst als „Braumeister" überwacht und gesteuert werden.

Bevor Sie jetzt jedoch mit dem Brauen zu Hause beginnen, überprüfen Sie ob alle benötigten Utensilien vorhanden sind und ob diese einwandfrei funktionieren. Achten Sie darauf, dass alle **„Engstellen"** möglichst ausgeschlossen sind. Engstellen beim Brauen zu Hause sind einerseits **zu wenig verfügbare Zeit**, **beengte Räumlichkeiten** oder **fehlende Behälter** (Flaschen) um das fertige Bier dann rechtzeitig abfüllen zu können. Fehlende oder nicht funktionstüchtige Geräte können dazu führen, dass alle Ihre bisherigen Bemühungen zunichte gemacht werden.

Manche der Arbeitsschritte müssen ziemlich rasch durchgeführt werden, andere wiederum erfordern das exakte Einhalten der angegebenen Temperaturen und Rastzeiten. **Nehmen Sie sich daher für das Brauen genügend Zeit und Muße!**

Das Bierbrauen ist ein arbeitsteiliger Prozess und für viele Arbeitsabläufe, wie beispielsweise das Abfüllen des fertigen Bieres, ist es vorteilhaft, wenn Ihnen jemand zur Hand geht. Laden Sie sich daher Bekannte zum Brauen ein, oder brauen Sie mit Ihrem Partner! Beim Verkosten Ihres selbst gebrauten Bieres gibt es immer viele „Helfer" – warum nicht auch beim Brauen? Besonderes Augenmerk sollten Sie jedoch auf die Einhaltung **peinlichster Hygiene** der Arbeitsräume und der verwendeten Brauutensilien legen. Wenn Sie beabsichtigen öfters zu Brauen – wovon

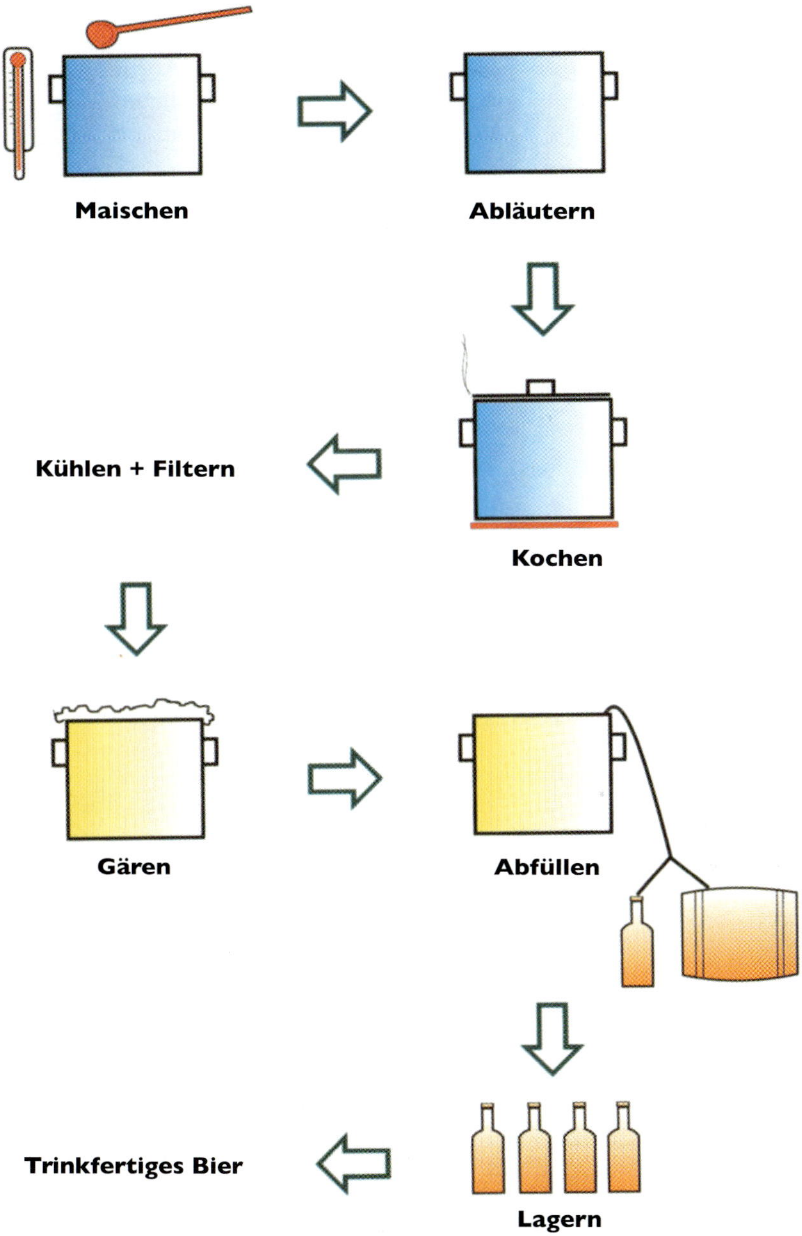

(Herwig Steiner)

Arbeitsplatz im Hobbyraum (Philipp Hlatky)

wir ausgehen – empfiehlt es sich die Geräte nur für das Brauen Ihres Bieres zu verwenden, oder sich dafür eigene Geräte zu besorgen, da Bakterien und Rückstände z.B. von Konfitüre zu Fehlgärungen Ihres Bieres führen könnten.

Ein Besuch in einem der im Bezugsquellenverzeichnis auf Seite 158 angeführten Fachgeschäfte für den Heimbrauer, oder das Blättern in den einschlägigen Fachkatalogen, gibt Ihnen einen Überblick über notwendige und zusätzliche, nützliche Anschaffungen, die das Brauen deutlich erleichtern und damit den Spaß an Ihrem neuen Hobby steigern. Nicht alle angebotenen Artikel sind für das erste Brauen notwendig und sinnvoll, viele Geräte lassen sich mit geringem Aufwand selbst herstellen und Sie werden sehr bald selbst entscheiden können wo Ergänzungen notwendig sind.

Geräte für das Brauen zu Hause

Die untenstehende Aufstellung gibt Ihnen einen kurzen Überblick welche Geräte unbedingt für das Brauen zu Hause notwendig sind. Gerade bei den Geräten für Ihre **Heimbrauerei** sind Ihrem bastlerischem Geschick und Ihrem Einfallsreichtum keine Grenzen gesetzt. Im einschlägigen Fachhandel gibt es auch so genannte **Einsteigersets**, welche einen Kochtopf, Filterstoffe, einen lebensmittelechten Gärbottich aus Plastik mit einem integrierten Ablassventil, sowie ein Kochthermometer, eine Bierspindel und ein Gärthermometer enthalten. Ebenso sind für die Jodprobe ein Fläschchen Jod, bzw. 1%ige Kaliumjoditlösung (jodfärbig nicht farblos!) und zum Testen des Brauwassers ein Päckchen pH-Indikatorpapier beigefügt und zumeist auch eine Erstausstattung Hopfen, Malz und Brauhefe für den ersten Brauversuch.

- **1 Einkochtopf**, mit einem Fassungsvermögen von 15–20 Litern, welcher als Maischekessel genauso verwendet werden kann, wie als Sudkessel zum Kochen der Würze und auch als Gärbottich eingesetzt wird. Besonders geeignet sind so genannte **Entsafter,** welche zur Erzeugung von Fruchtsäften verwendet werden. Hier gibt es sogar Spezialanfertigungen, welche einen Inhalt von rund 20 Litern aufweisen und über ein Thermostat und eine integrierte Zeituhr verfügen. **Schnapsbrenner**, die über einen eigenen **Brennkessel** verfügen, der zumeist eine Kapazität um 50 Liter oder mehr aufweisen, können selbstverständlich auch in diesem die Maische zubereiten und die Würze kochen. Solche Brennanlagen haben, wenn sie elektrisch betrieben werden die Möglichkeit einer genauen Temperaturregelung.

- **1–2 Plastikkübel**, mit einem Gesamtfassungsvermögen von ebenfalls 15–20 Litern, welche beim Trennen der Maische (Abläutern) und beim Filtern der Würze nach dem Kochen verwendet werden. Besser noch ist die Verwendung eines lebensmittelechten Gärbottichs aus Plastik, welcher verhindert, dass sich schädliche Stoffe aus dem Kunststoff lösen. Die kochende Würze hat doch mehr als 100° C und kann bei nicht lebensmittelechten Kunststoffen so genannte Weichmacher (Chemikalien) aus dem Kunststoff lösen. Der Erwerb eines Gärbottichs kann nur dringend empfohlen werden, da das Abfüllen mittels Ablassventil wesentlich leichter, die Reinigung problemloser und die Zeitersparnis beträchtlich ist.
- **1 Nudelsieb** mit dem die groben Treberbestandteile bereits grob gefiltert werden können, wodurch sich die Stoffwindeln und die Industriefilter nicht gleich verstopfen.
- **3–4 Stoffwindeln**, engmaschige **Textilstoffe** oder **Industriefilter** zum Abläutern und Filtern der Würze.
- **1 großer Kochlöffel** (Holz oder Plastik) zum Umrühren der Maische und der Würze.
- **20 Stück Wäscheklammern** zum Befestigen der Stoffwindeln an den Plastikkübeln.
- **4 Stück Gefrierakkus** aus Kühltaschen, oder 2 Stück **1,5 l Plastikgetränkeflaschen,** die mit Salzwasser gefüllt tiefgekühlt werden, damit die Würze möglichst schnell auf die gewünschte Gärtemperatur abgekühlt werden kann.
- **1 Gummi**- bzw. **Plastikschlauch** (ca. 1,5 m) zum Abfüllen des fertigen Bieres. Bitte immer gründlich reinigen, da sich Bakterien gut im Schlauch vermehren und beim Abfüllen das Bier verunreinigen können. Dieser Schlauch kann bei einem Gärbottich mit Ablassventil entfallen.
- Ausreichend **Bügelflaschen, Partyfässer** oder andere **Flaschen aus Glas oder Kunststoff**, bei denen eine Lagerung ohne Entweichen der Kohlensäure möglich ist, zum Lagern des fertigen Bieres.
- **1 Einkochthermometer**, das genau die Temperaturen im Bereich von 50–100° C anzeigt.
- **1 Kinderbadethermometer**, das für die Überwachung der richtigen Gärtemperatur notwendig ist. Temperaturbereich von 0–30° C.

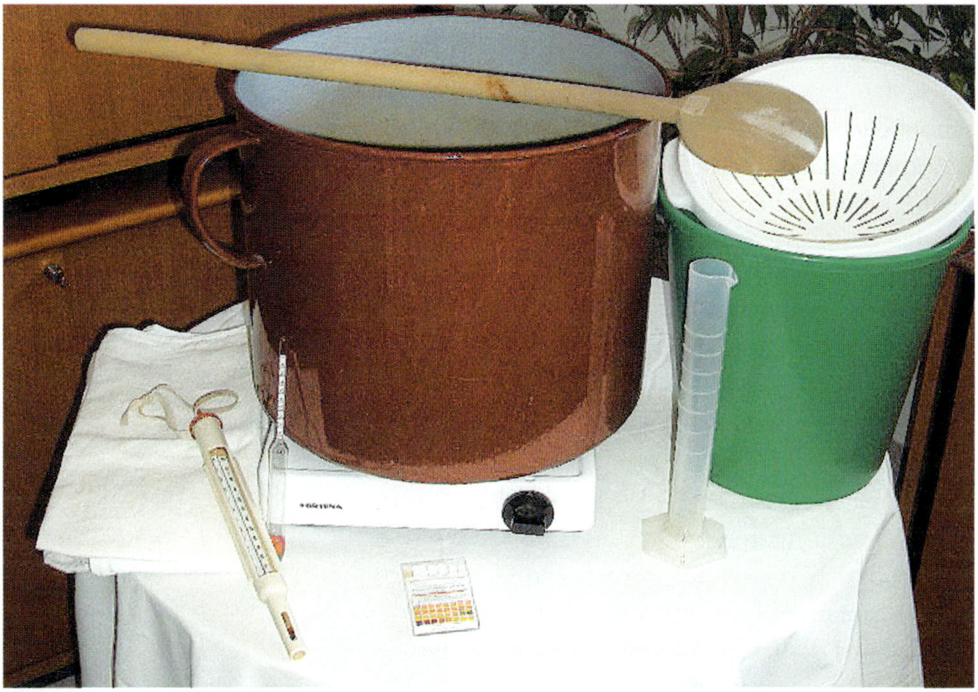

Kochtopf, Thermometer, Kochlöffel, Jod, Stoffwindeln, pH-Indikatorpapier, Bierspindel (Michael Hlatky)

- **1 kleines Fläschchen standardisierte Jodlösung** für die „Jodprobe", um damit die Verzuckerung des Malzes zu überprüfen, oder **1%ige Kaliumjoditlösung** (jodfärbig nicht farblos!). Diese chemischen Reagenzien sind in jeder Apotheke, oder im einschlägigen Fachhandel erhältlich. *In der Apotheke gibt es Betaisadonalösung zur Desinfektion von Wunden, die sich auch für die Jodprobe eignet.*
- **1 Päckchen pH-Indikatorpapier** zum Prüfen des pH-Wertes des Brauwassers. Sie können den pH-Wert Ihres Wassers aber auch bei Ihrem lokalen Wasserwerk erfragen.
- **1 Bierspindel** zur Bestimmung des Stammwürzegehaltes und des richtigen Zeitpunktes zum Abfüllen des Bieres. Es gibt bereits Bierspindel mit integrierter Temperaturanzeige, welche dann das Kinderbadethermometer überflüssig machen. Diese Bierspindeln sind zumeist auf eine Temperatur von 20° C geeicht (für obergärige Biere).

Nützliche zusätzliche Geräte

Nach den ersten Brauversuchen werden Sie feststellen, dass es bei den oben beschriebenen Geräten – welche nur eine Grundausstattung bilden – bei größeren Braumengen Schwachstellen gibt. Gerade das **Abläutern** ist eines des größten Probleme beim Brauen zu Hause, welches jedoch mit einigem Bastelaufwand gelöst werden kann. An Stelle der Stoffwindeln eignen sich **Industriefilter oder Gazenetze** mit einem Durchmesser von 1 mm, welche zu einer besseren Klärung der Würze von den Trübstoffen des Malzes führen.

- Ein eigener **Läuterbottich** mit einem integrierten Ablassventil erleichtert das Trennen von Maische und Würze ebenfalls wesentlich. Siehe dazu die Skizze für das Selbermachen eines solchen Läutebottichs im Kapitel Läuterbottich auf Seite 82 ff.
- Ein eigenes **Gärgefäß** (Mostfass), das multifunktional auch als **Läuterbottich** verwendet werden kann, mit einem Ablassventil erleichtert das Abfüllen des fertigen Bieres. Achten Sie besonders darauf, dass dieses Gärgerät unbedingt aus **lebensmittelechtem Kunststoff** besteht, da sich ansonsten bei der alkoholischen Gärung bei nicht lebensmittelechten Kunststoffen gesundheitsschädliche Stoffe (Weichmacher und Lösungsmittel) aus dem Kunststoff lösen können.

Maische- und Gärbottich

- Bei untergärigen Bieren ist der Umbau eines **Kühlschrankes** in einen **gekühlten Gärbottich** zu empfehlen, da nur mittels elektrischer Kühlung ganzjährig eine untergärige Biererzeugung möglich ist. Bei entsprechend niederen Temperaturen kann im Winter eine Vergärung ohne künstliche Kühlung erfolgen.

Bevor Sie mit dem Brauen beginnen – und natürlich bei jedem weiteren Brauvorgang überprüfen Sie, ob alle Geräte und Hilfsmittel verfügbar bzw. voll funktionsfähig sind!

Die Arbeitsräume

Für das Brauen zu Hause wird in den meisten Fällen die **Küche** als Ort Ihrer Brauversuche Verwendung finden. Zu berücksichtigen ist vor jedem Brauen, dass bei jedem Brauversuch die Küche und hier vor allem wieder der Herd zumindest **4–5 Stunden blockiert** ist. In der Brauerei sind die einzelnen Arbeitschritte beim Brauprozess bewusst getrennt, da im Sudhaus und im Gärkeller, bei der Filterung des Bieres und beim Abfüllen unterschiedliche Voraussetzungen und Temperaturen herrschen sollen. Das sollten Sie beim Brauen zu Hause berücksichtigen und sich entsprechende Räumlichkeiten im Haus suchen. Am besten geeignet ist sicherlich ein eigener **Arbeitsraum** oder ein **Hobbyraum**, der über einen eigenen **Strom-, Wasser- und Kanalanschluss** verfügen sollte. Dort lässt sich ungestört und ohne lästigen Zeitdruck brauen, ohne auf Einschränkungen wie in der Küche Rücksicht nehmen zu müssen.

Selbstverständlich müssen Sie mit den bei Ihnen vorhanden Räumlichkeiten auskommen, wobei gewisse Abstriche vom Optimum zu machen sind.

Gerade aber der **Raum für die Gärung** benötigt spezielle Anforderungen. Auch wenn keine elektrische Kühlung bei obergärigem Brauen notwendig ist, ist eine Raumtemperatur von rund 15° C wünschenswert. Ein **Kellerraum** erfüllt diese Anforderungen sicherlich leichter als die Küche, wo es zumeist Temperaturen über 20° C gibt. Sie können die Gärtemperatur mittels **Kühlakkus** oder eingefrorenen Plastikflaschen regulieren, besser ist aber auf jeden Fall ein kühler Gärkeller.

Ganz verschweigen möchten wir nicht, dass beim Brauen zu Hause eine gewisse **Schmutzentwicklung** entstehen wird. Einerseits entsteht bereits **Staub beim Schroten** des Malzes, andererseits bildet sich beim Maischen des Malzes Zucker, der bekanntlich in flüssiger Form recht klebrig ist. Beim Abläutern und beim Filtern der Würze ist es nicht ganz zu vermeiden, dass einige Tropfen dieser süßlich, **klebrigen Flüssigkeit** verschüttet werden und dann die Arbeitseinrichtungen und hier vor allem wieder den Herd **verschmutzen**. Vorsicht bei Ceranfeldern von E-Herden, wenn sich diese zuckerhaltige Lösung in die Keramikplatte einbrennt, lassen sich die Rückstände nur sehr schwer wieder von diesem Kochfeld entfernen!

Im **Sommer** kann im **Garten** oder am Balkon gebraut werden, sicherlich eine Attraktion für ein gemütliches Grillfest mit Freunden, was den Vorteil bietet, dass die Schmutzentwicklung im Hause hintan gehalten wird. Zur Gärung eignen sich bestens **kühle Kellerräume**, weniger geeignet sind hingegen Garagen und Abstellräume, da Bier sehr gerne Fremdgerüche annimmt, kann es dabei zu ungewollten Geschmacksbeeinträchtigungen im fertigen Bier kommen, durch Benzin- und Lackdämpfe.

Kochstellen

Um Ihre Maische und anschließend die Würze bei entsprechender Temperatur zu kochen, benötigen Sie eine **Kochstelle**, die in vernünftiger Zeit eine ausreichende Energie liefert um die gewünschten und vorgesehenen Temperaturen erreichen und halten zu können. Ob sie dabei einen **Gasherd** oder einen **E-Herd** verwenden ist nebensächlich. Die Leistung der Geräte muss ausreichen um ein Kochen der Würze sicherzustellen. Als unterste Leistungsgrenze sind 1000–1500 Watt anzusehen. Die Energiezufuhr sollte so rasch vor sich gehen, dass eine Temperaturzunahme im Maischevorgang von 1° C pro Minute möglich ist. Beide Herde haben **Vor-** und **Nachteile**. Der Gasherd hat den entscheidenden Vorteil, dass die Temperatur leichter regulierbar ist, da man durch Ein- und Ausschalten bei den vorgesehenen Temperaturen diese exakt einhalten kann. Bei Elektroherden speichert die Platte noch so viel Restenergie, und auch bei entsprechender Regulierung gibt die Platte diese Restwärme ab, was zumeist zu einem Ansteigen der Temperatur während der Rastzeiten über die vorgesehene Rasttemperatur hinaus führt. Durch Ausschalten vor Erreichen dieser gewünschten Temperatur lässt sich diese Restwärme energetisch besser nutzen und der Kochtopf muss nicht immer bei Erreichen der gewünschten Temperatur von der Kochstelle entfernt werden. Beachten Sie auch, dass physikalisch bedingt die Maische

Maischegefäß (Holzeis)

an der Oberfläche des Maischegefäßes wärmer ist, als in der Mitte der Flüssigkeit. Thermometer die nur die Temperatur im oberen Bereich messen, können hier dann deutliche Temperaturabweichungen anzeigen.

Eine als besonders optimal anzusehende Kochstelle ist ein **elektrischer Entsafter** mit **integriertem Thermostat**, der über einen doppelten Boden elektrisch beheizt wird. Es gibt diese Entsafter für Fruchtsäfte mit einer eingebauten **Zeituhr**, so dass die gewünschte Rastzeit und Temperatur vorgegeben und exakt eingestellt werden kann. Eine halbautomatische Heimbrauerei! Eine ganz tolle Kombination ist die Verwendung von **Brennanlagen von Schnapsbrennern** für das Maischen und Kochen der Würze. Dabei lässt sich die Temperatur exakt regulieren und die Kapazitäten für das Brauen decken sich zumeist mit den Mengen, die beim Schnapsbrennen benötigt werden. Ein weiterer Vorteil ist, da ja die Schnapsbrennanlagen nicht ganzjährig genutzt werden, dass eine bessere Auslastung dieser technischen Anlagen erfolgt.

Einige Anbieter von Braugeräten für den Heimbrauer bieten in ihrem Sortiment umgebaute Waschmaschinen als halbautomatische, thermostatisch geregelte Bierbrauanlagen an, auch Hersteller von Mikrobrauereien bieten fertige Anlagen für den Hobbybrauer an. Der Kreativität und dem bastlerischen Geschick der Heimbrauer sind natürlich keine Grenzen gesetzt. Immer wieder erhalte ich bei Bierbrauveranstaltungen Anregungen und Verbesserungsvorschläge, die das Heimbrauen deutlich erleichtern sollen und die Grenze zur Professionalität immer weiter verschieben.

Wenn Sie einen eigenen Arbeitsraum oder **Hobbyraum** für Ihre Brauversuche benutzen, sollten Sie – so Sie dort keinen alten Herd verwenden – einen **Campingkocher** mit Gas oder eine **Elektroplatte** mit entsprechender Leistung verwenden. Reicht die Leistung dieser kleinen Kocher nicht aus um die Würze wallend zu kochen, können Sie sich noch mit einem elektrischen Tauchsieder behelfen, der zusätzlich in die Würze gehängt wird. Normalerweise reicht aber die Leistung dieser Elektroplatten und Gaskocher aus um 20 Liter Würze in vernünftiger Zeit zum Kochen zu bringen. Um Energie zu sparen und um die Kochtemperatur leichter und schneller zu erreichen, sollten Sie Ihren Maische- und Würzetopf immer mit einem **Deckel verschließen**. Während des Maischevorganges müssen Sie aber auf das ständige Umrühren der Maische achten, damit diese nicht am Boden des Maischebottichs anbrennt. Auch hier gibt es Anregungen von Bastlern, die mittels Bohrmaschinen und einem Aufsatz auf den Maischebehälter ein Rührwerk konstruiert haben und damit das lästige – vor allem zeitaufwendige – Rühren der

Maische automatisiert haben. Ähnliche Geräte verwenden die Maler zum Rühren ihrer Farben.

Daher werden Sie den Kochdeckel immer wieder entfernen; hingegen wird beim Würzekochen **nach Erreichen der Kochtemperatur** und der Beigabe des Hopfens der Kochdeckel entfernt, damit die überschüssigen Hopfenöle aus der kochenden Würze entweichen können. Diese würden dem Bier ansonsten einen zu bitteren Geschmack verleihen. Dadurch wird auch die Gefahr gemindert, dass die kochende Würze zu sehr wallt und überkocht.

Achten Sie vor allem darauf, dass Ihr Kochgefäß möglichst eben auf der Kochplatte aufliegt, da nur so eine optimale Übertragung der Energie von der Kochplatte in den Kochtopf erfolgen kann!

Hygiene

Ein ganz wichtiger Punkt beim Bierbrauen ist die **Reinlichkeit** und die entsprechende **Pflege** der **Braugeräte**. Bier wird unter Verwendung lebender Substanzen (Hefen) produziert, welche äußerst sensibel auf nicht optimale Braubedingungen reagieren. Hygiene bedingte Verunreinigungen wie **Schimmel, Bakterien** – beim Bierbrauen vor allem die von den Brauern seit Jahrhunderten gefürchteten **Milchsäurebakterien** – und Schmutz führen nicht nur zu Geschmacksbeeinträchtigungen, die keine reinen Aromen im Bier ergeben, sondern führen zu **Fehlgärungen,** die Ihr Bier völlig ungenießbar machen. Ihre ganze Mühe und Ihr Aufwand kann daher bei mangelhafter Hygiene umsonst sein, da Ihr Bier dann verdorben ist und mit keinen technischen Hilfsmitteln wieder genießbar gemacht werden kann. So ein verdorbenes Bier kann nur entsorgt werden! Achten Sie daher besonders im Brau- und im Gärraum darauf, dass hygienisch einwandfreie Verhältnisse herrschen. Wie schon mehrfach erwähnt sind in der normalen Raumluft noch genügend **„wilde" Hefen** vorhanden, die zu einer **spontanen Gärung** führen könnten. Diejenigen Hefen, welche sich zuerst durchsetzen, gewinnen die Oberhand und unterdrücken die erwünschte Arbeit der von Ihnen **beigegebenen Reinzuchthefen**. Bei gewissen Spezialbieren (belgische *Lambic-* und *Geuzebiere*) wird diese **Spontangärung** hingegen bewusst herbeigeführt, erfordert aber vom Brauer sehr viel Fingerspitzengefühl und Erfahrung. Auch die *Berliner Weiße* wird mit einer Mischung aus Hefe und der ansonsten unerwünschten und von den Brauern gefürchteten Milchsäure, erzeugt.

Alle Geräte, die direkt mit dem Bier in Berührung kommen, wie Topf, Kübel, Gärbehälter, Kochlöffel, Thermometer, Siebe und Filter oder die Bierspindel, sollten peinlichst genau gesäubert werden und möglichst **frei von Keimen und Bakterien gehalten** werden. Reinigen Sie daher Ihren Maische- und Würzetopf nach jedem Brauen gründlich mit heißem Wasser! Spülen Sie anschließend noch gründlich mit kaltem Wasser nach und vor jedem weiteren Brauen schwemmen Sie diesen Topf wieder mit heißem Wasser aus.

In den Brauereien werden zum Reinigen der Braugeräte, der Braukessel, Leitungen, Bottiche und Gärtanks eigene **Spezialreiniger** verwendet und nach diesen Reinigungsschritten wird alles noch einmal gründlich mit heißem und anschließend kaltem Wasser nachgespült um die Rückstände aus diesen Geräten und Leitungen zu entfernen. Die im Haushalt verwendeten **fetthaltigen Haushaltsreiniger** (Geschirrspülmittel) sind für die Pflege der Braugeräte nicht zu empfehlen, da die fetthaltigen Rückstände an den Utensilien haften bleiben und sich beim Brauvorgang in der Maische und der Würze lösen können. Diese fetthaltigen Reinigungsmittel zerstören dann die **Oberflächenspannung des Wassers** und führen dazu, dass sich beim Einschenken Ihres selbst gebrauten Bieres kein ordentlicher Schaum bilden kann. Das gleiche gilt übrigens für Flaschen und Biergläser, welche auch nicht mit diesen Reinigern oder im Geschirrspüler gereinigt werden sollten! Die Gastronomie verwendet hier ebenfalls Spezialreiniger und Sie haben sicherlich bemerkt, dass in guten Gaststätten der Wirt vor dem Einschenken des Bieres das leere Glas noch einmal gründlich mit kaltem Wasser ausspült, um eventuell anhaftende Spülmittelrückstände aus dem Bierglas zu entfernen. **Reiniger auf Essigbasis** eignen sich ebenfalls nicht zum Reinigen der Braugeräte, da die Gefahr besteht, dass Essigbakterien dazu führen, dass das Bier sauer wird. Unbedenklich und für die Pflege zu Hause sicherlich ausreichend ist die Verwendung von **Soda** zum Reinigen ihrer Brauutensilien. Ganz zu schweigen davon, dass dieses natürlich vorkommende Reinigungsmittel auch preislich ausgesprochen günstig ist.

Im Gastronomiefachhandel und bei den Anbietern von Heimbrauartikeln (siehe Bezugsquellenverzeichnis Seite 158), gibt es die verschiedensten Reinigungs- und Sterilisationsmittel um optimale hygienische Bedingungen für das Brauen zu Hause zu schaffen. Zumeist wird es aber ausreichen die Geräte nach jedem Brauvorgang gründlich mit heißem Wasser und eventuell **etwas Sodalösung** zu reinigen und gut mit klarem, kalten Wasser nachzuspülen.

Schroten des Malzes

Im vorigen Kapitel beim Brauvorgang in der Brauerei haben Sie einen kurzen Überblick über den Malzvorgang (Mälzen) erhalten, der heute in den meisten Brauereien von Dienstleistern – eigenen Mälzereien – durchgeführt wird. Für das Brauen zu Hause brauchen Sie nicht diese riesigen Mengen wie eine gewerbliche oder industrielle Brauerei, welche ihr Malz in Waggonladungen von den Mälzereien direkt beziehen. Im **Bezugsquellenverzeichnis** auf Seite 158 finden Sie eine Übersicht über **Anbieter** von Malz, Hopfen und Hefe, welche sich darauf spezialisiert haben, den rasant wachsenden Markt der Heimbrauer zu beliefern. Diese Zwischenhändler kaufen größere Mengen Malz, zerkleinern (schroten) dieses und verpacken es in handliche Mengen. Auch stellen sie verschiedene **Malzmischungen** für die unterschiedlichsten Biere zusammen und bieten zumeist alle technischen Geräte wie Bierspindeln, Thermometer, Flaschen, Reinigungsmittel und Fachliteratur an. Selbstverständlich hat diese Arbeit ihren Preis und mit dem Kleinmengenzuschlag und den nicht unbeträchtlichen Versandkosten kommt dann ihr Selbstgebrautes ganz schön teuer.

Sollte in Ihrer Nähe eine kleine **Hausbrauerei** oder gar eine gewerbliche Brauerei sein, empfehlen wir Ihnen mit dem dort zuständigen **Braumeister** oder **Gastwirt** Kontakt aufzunehmen und diesen um Malz, Hopfen und Hefe für Ihre Brauversuche zu bitten. Nach unseren Informationen sind die meisten dieser kleinen Hausbrauereien gerne bereit Ihnen die benötigte Malzmenge gegen Bezahlung zu überlassen und oft entwickelt sich bei einem Bier ein Fachgespräch mit dem örtlichen Braumeister, der Ihnen als Fachmann zusätzlich einige nützliche Tipps geben wird. Auch bei den Brauereien hat sich mittlerweile die Erkenntnis durchgesetzt, dass Sie als kleiner Hausbrauer mit einer Kapazität von rund 20 Litern **keine Konkurrenz** für die jeweilige örtliche Brauerei darstellen. Im Gegenteil, je mehr Sie über die Biererzeugung und die Braugeheimnisse Bescheid wissen, umso mehr können Sie ein gut gebrautes und ausgeschenktes Bier auch würdigen. Der Bezug über diese Quellen ist wesentlich günstiger, da kein Transport und keine Bearbeitung anfällt. Auch haben Sie dabei die Garantie, dass das Braumalz frisch geschrotet ist und nicht durch lange Transportwege und unsachgemäße Lagerung gelitten hat.

Wie wir in Erfahrung bringen konnten, sind mittlerweile auch **große Mälzereien** bereit, Detailkunden mit Braumalz zu beliefern, bzw. kann man dieses dort abholen. Da die Mindestabgabemenge aber ein Sack mit 50 Kilogramm ist, empfiehlt es sich eventuell mit einem oder mehreren Braukollegen gemeinsam das Malz zu kaufen. Ungeschrotetes Malz, so wie es von den Mälzereien abgegeben wird, hält sich einige Zeit, wohingegen bereits geschrotetes Malz nur eine beschränkte Lagerfähigkeit hat, da die Enzyme des Malzes nach einiger Zeit inaktiv werden und dann die Stärke nicht mehr in Malzzucker aufspalten können. Ein Nachteil beim Kauf ungeschroteten Malzes ist aber, dass Sie dieses erst vor dem eigentlichen Brauen zerkleinern (schroten) müssen, was zu Hause zum Teil beträchtliche Schwierigkeiten aufwirft. Die Brauereien besitzen dafür eigene **Schrotmühlen**, welche das Braumalz in jeder gewünschten Größe zerquetschen. Sollten Sie eine Getreidemühle besitzen, wie sie für das Mahlen von Getreide für das Brotbacken oder für die Müslizubereitung verwendet wird, können Sie damit auch Ihr Braumalz schroten, wobei Sie die Schrotmühle auf die gröbste Stufe einstellen. Für 10–20 Liter Bier lässt sich dabei das Malz problemlos mit diesen Mühlen schroten. Einige **Mehrzweckküchenmaschinen** besitzen einen Aufsatz um damit Getreide in **Flocken** zu zerkleinern. Damit können Sie Ihr Braumalz schroten, wobei aber eine nicht unbeträchtliche Staubentwicklung entsteht, da diese Geräte zumeist nicht in geschlossenen Systemen arbeiten. Händisch betriebene Kaffeemaschinen eigenen sich noch bedingt zum Zerkleinern, wobei der Arbeitsaufwand um 3–5 kg Malz zu zerkleinern, nicht unbeträchtlich ist. Gänzlich **ungeeignet** sind hingegen **elektrische Kaffeemaschinen**, da sich bei diesen die Zerkleinerung nicht regulieren lässt und darüber hinaus die zu schrotende Menge die Leistung der Kaffeemaschine hoffnungslos überfordert. Küchengeräte wie **Raspeln** zum Reiben von Nüssen und **Quetschen** zur Erzeugung von Flocken aus Getreide eigenen sich unter gewissen Einschränkungen ebenfalls zum Zerkleinern des Malzes.

Wie bereits im Kapitel beim Schroten in der Brauerei erklärt, besteht die Möglichkeit Malz nach dem **Einweichen in Wasser** über Nacht oder zumindest einige Stunden ohne größere Staubentwicklung zu zerkleinern. Das Wasser sollte aber nicht mehr als 8–10° C haben um die Enzyme im Malz nicht vorzeitig zum Arbeiten zu bringen. Das so geschrotete Malz ist jedoch nicht lagerfähig und muss sofort weiterverarbeitet werden.

Am einfachsten ist es daher, sich bereits geschrotetes und anschließend vakuumverpacktes Malz über den Fachhandel zu besorgen!

Einmaischen des Malzes

Nachdem wir bisher die rein technischen Voraussetzungen für das Brauen zu Hause, wie die Arbeitsräume, die Hygiene und die Brauutensilien besprochen haben, beginnen wir jetzt mit der Beschreibung des eigentlichen Vorgangs des Brauens.

Der erste Arbeitsvorgang ist – wie in der Brauerei auch – das Maischen oder Einmaischen des Malzes. Dabei wird das geschrotete Malz mit dem bereits aufbereiteten Brauwasser (Härtegrad des Brauwassers und pH-Wert des Wassers müssen stimmen) vermischt. Dabei wird unter ständigem Rühren mit dem Kochlöffel im Einkochtopf die Temperatur – je nach eingesetztem Brauverfahren – auf die Einmaischtemperatur von 35–50° C erhöht. Die ständige Bewegung, welche in der Brauerei ein elektrisches Rührwerk übernimmt, ist deswegen notwendig, damit sich einerseits das Malz nicht am Boden des Einkochtopfes anlegt und dort anbrennt, andererseits lösen sich durch die mechanische Bewegung die brauwichtigen Bestandteile besser im Brauwasser.

Die in den Rezepten angegebenen **Wassermengen** für das Einmaischen sind nur ungefähre Angaben. Die Mai-

1–4 **Einmaischen** (Philipp Hlatky)

sche sollte einerseits nicht zu dick sein, damit sie sich wie gesagt nicht im Braukessel anlegen kann, andererseits aber auch nicht zu dünnflüssig, da der Energieaufwand um eine größere Menge Maische zu erhitzen dann deutlich höher liegt.

Im **Braudiagramm** (z. B. Seite 123) sehen Sie noch einmal grafisch dargestellt die **Rastzeiten** bei den jeweiligen Temperaturen, hier am Beispiel für das **Infusionsverfahren**. Ist die jeweilige Einmaischtemperatur erreicht, folgt eine Rastzeit von rund 15 Minuten, die so genannte **Eiweißrast.** In dieser Rastzeit quillt das geschrotete Braumalz im Brauwasser und die Enzyme des Malzes werden durch das Brauwasser und die Wärme aktiviert. Jetzt breitet sich bereits ein angenehmer Geruch – ähnlich dem nach Ovomaltine – im Brauraum aus. Man kann sich nur schwer vorstellen, wie aus diesem recht unansehnlichen hellbraunen Brei, der nach diesem Kindergetränk duftet einmal ein herbes, klares Bier entstehen soll. Nach dieser Eiweißrast wird die Temperatur der Maische – wieder unter ständigem Rühren – auf 64° C erhöht. Bei dieser Temperatur beginnt die Maltosebildung (Malzzucker), daher nennt man die jetzt folgende Rastzeit von ca. ½ Stunde auch **erste Verzuckerungsrast**. Neben der Prüfung mittels der Jodprobe können Sie die Bildung von Maltose auch durch **Verkosten** der Flüssigkeit prüfen. Sie werden feststellen, dass sich mit Fortschreiten des Maischeprozesses die Flüssigkeit, so die Enzyme des Braumalzes richtig arbeiten, diese Maischeflüssigkeit immer süßer werden wird. Exakter und auf jeden Fall verlässlicher ist jedoch die Durchführung der Jodprobe.

Mittels der **Jodprobe** überprüfen Sie in einem chemischen Versuch, ob sich aus dem Braumalz durch die Enzyme des Malzes Maltose und Dextrin bilden. Diese Jodprobe, welche bei der ersten sowie der zweiten Verzuckerungsrast durchgeführt werden soll, wird im Anschluss an den Maischevorgang noch genauer und ausführlich beschrieben. Unabhängig vom Brauverfahren – ob Infusions- oder Dekoktionsverfahren – die Jodprobe ist auf jeden Fall durchzuführen!

Nach der ersten Verzuckerungsrast wird jetzt die Temperatur der Maische auf 72° C angehoben, woran sich wieder eine Pause, die **zweite Verzuckerungsrast**, von wieder einer ½ Stunde anschließt. Bei dieser zweiten Verzuckerungsrast bildet sich jetzt **Dextrin**, neben Maltose die zweite Zuckerform welche durch die Enzyme des Braumalzes gebildet wird. Um ganz sicher zu gehen, dass genügend vergärbarer Zucker entstanden ist, muss anschließend wieder die Jodprobe durchgeführt werden.

Nach dieser zweiten Verzuckerungsrast wird die Temperatur abschließend noch auf 78° C erhöht, wieder mit einer daran anschließenden Rastzeit von ½ Stunde, nach der dann der erste Schritt beim Bierbrauen zu Hause, das Maischen, abgeschlossen ist.

Dekoktionsverfahren

Im Unterschied zum oben beschriebenen Infusionsverfahren, bei dem die Temperatur durch ständiges Erwärmen der Maische erhöht wird, werden beim jetzt beschriebenen **Dekoktionsverfahren** Teile der Maische nach dem Einmaischen aus dem Maischegefäß entnommen und in einem gesonderten Kochgefäß zum Kochen gebracht. Als Faustregel gilt, dass man rund ein **Drittel** der Maische entnimmt und zerkocht. Bei diesem Kochvorgang wird das Malz der Maische stärker **zerkocht** als beim Infusionsverfahren, dadurch ist die Ausbeute an fertigem Bier bei gleicher Menge Malz um einiges höher als beim wesentlich einfacheren Infusionsverfahren.

An technischen Voraussetzungen um dieses Dekoktionsverfahren zu Hause beim Brauen verwenden zu können, ist zumindest noch ein **zweiter Kochtopf** notwendig, in dem ein Teil der Maische gekocht wird. Durch das Umleeren von einem Kochtopf in den anderen ist dieses Verfahren jedoch anfälliger für Verschmutzungen der Arbeitsräume. Die zuckerhältige, klebrige Flüssigkeit spritzt gerne beim Umleeren aus den Kochbehältern. In den Brauereien wird die kochende Maische ja über Pumpen wieder in die Maischepfanne zurückgepumpt, es herrscht dort ein geschlossenes System.

Achten Sie bei diesem Maischeverfahren besonders darauf, dass durch das Beigeben der kochenden Maische die Temperatur der gesamten Maische nicht über **72° C ansteigt,** da ansonsten die Enzyme des Braumalzes vorzeitig abgetötet werden.

Dieser Vorgang der Entnahme und des gesonderten Kochens dieses Teiles der Maische wird so lange fortgesetzt, bis die Temperatur der Gesamtmaische 78° C erreicht hat. Daran schließt sich – wie beim Infusionsverfahren auch – noch eine Rastzeit von rund einer halben Stunde, bevor die Maische geläutert wird.

Inwieweit Sie bei Ihren Brauversuchen zu Hause dieses Dekoktionsverfahren verwenden wollen, müssen Sie für sich selbst entscheiden. Einerseits ergibt dieses Maischeverfahren eine etwas **höhere Ausbeute** und es lässt sich eine **größere Geschmacksvielfalt** erzielen als beim Infusionsverfahren, andererseits erfordert dieses Maischeverfahren aber schon einiges an Erfahrung, um die richtige Menge bei der Entnahme und die Temperatur bei der Rückführung der Maische abschätzen zu können. Auch wird in Summe etwas mehr **Energie notwendig** sein um die Maische mit diesem Verfahren zu Hause bis auf 78° C zu erhöhen, einerseits da Energie verloren geht, wenn der Maischetopf nicht entsprechend isoliert ist, andererseits um den entnommenen Teil der Maische zum Kochen zu bringen.

Für erste Brauversuche empfehlen wir Ihnen das einfachere Infusionsverfahren. Wenn Sie schon einige Erfahrung mit dem Brauen haben, können Sie dann mit diesem Dekoktionsverfahren experimentieren.

Jodprobe

Mittels der Jodprobe wird überprüft, inwieweit sich aus dem Braumalz bereits Maltose und Dextrin gebildet haben. Diese beiden Formen des Zuckers sind notwendig, damit sie anschließend bei der alkoholischen Gärung durch die Hefen in Alkohol und Kohlensäure aufgespaltet werden können. Eigentlich – chemisch richtig gesagt – prüft man nicht die Zuckerbildung, sondern den **Stärkeabbau im Braumalz** und schließt durch einen Umkehrschluss auf die Bildung der beiden Einfachzucker Maltose und Dextrin. Ist nämlich noch zu viel Stärke in der Maische enthalten, färbt sich die Jodlösung bei der Jodprobe **violett** bis **dunkelblau,** wohingegen wenig Stärke zu einer **Gelbfärbung (strohgelb)** dieser Probe führt.

5 

6 

7 

5 **Es hat noch keine Verzuckerung stattgefunden**

6 **Beginn der Verzuckerung**

7 **Gelbfärbung bedeutet, es hat sich aus dem Malz Malzzucker gebildet**

(Philipp Hlatky)

Die Durchführung der Jodprobe ist trotz des sehr technisch und kompliziert klingenden Namens sehr einfach. Man entnimmt der Maische einige Tropfen Flüssigkeit und tropft diese auf einen weißen Teller oder eine weiße Untertasse (siehe Foto Seite 77). In diese Flüssigkeit (Achtung keine festen Bestandteile!) wird 1 Tropfen Jodlösung (1%-iges Kaliumjodit, jodfärbig nicht farblos!) getropft und durch Schwenken des kleinen Tellers mit der Flüssigkeit vermischt. Besonders gut geeignet zur Durchführung der Jodprobe ist auch standardisierte Jodlösung, welche unter dem Namen **Betaisadonalösung** zur Desinfektion von Wunden eingesetzt wird und in jeder Apotheke preisgünstig erhältlich ist. Je nach **Verfärbung** der Flüssigkeit kann man den Stand der Verzuckerung feststellen. Unbedingt sollte die Jodprobe – die nur einige Minuten Zeit erfordert – nicht nur einmal durchgeführt werden, sondern bei mehreren verschiedenen Temperaturen, um den **Verzuckerungsprozess und -verlauf** nachvollziehen zu können. Zumindest nach der zweiten Verzuckerungsrast bei 72° C sollte ein Mal geprüft werden. Besser jedoch sind Proben zusätzlich bei 64° C bereits nach der ersten Verzuckerungsrast und bei 78° C *am Ende des Maischevorgangs.*

Bleibt nämlich die Probe der Maische blau und schmeckt die Maische beim Verkosten kaum süß, hat die Umwandlung des Malzes durch die Enzyme in Malzzucker nicht – oder noch *nicht in ausreichendem Umfang* – stattgefunden. Hat sich aber kein Malzzucker und kein Dextrin gebildet, kann in späterer Folge auch keine Aufspaltung dieser Flüssigkeit durch die Brauhefe in Alkohol und Kohlensäure erfolgen! In den meisten Fällen wird nach einiger Zeit eine **Gelbfärbung** der Maischeprobe eintreten. Tritt diese aber überhaupt nicht ein, kann dies entweder am Malz und da wiederum an den schlechten Enzymen liegen (zu lange Lagerung des geschroteten Braumalzes zerstört die Enzyme) oder Sie haben die Einmaischtemperaturen und die vorgeschriebenen Rastzeiten nicht exakt eingehalten und dadurch konnten die Enzyme die Stärke des Braumalzes nicht aufspalten. In beiden Fällen, welche nur selten eintreten, ist diese Maische **für jede weitere Biererzeugung ungeeignet und kann nicht mehr weiterverwendet werden**. Diese Maische ist zu entsorgen und eine neue Maische herzustellen.

Sie sehen also wie wichtig dieser kleine Ausflug zur Chemie, die Jodprobe ist, um schon während des Maischens des Braumalzes die Garantie zu haben, dass aus diesem Sud auch wirklich Bier entstehen wird. Noch einmal möchten wir Sie auf die Aufzeichnungen im Brauprotokoll verweisen, in das auf jeden Fall das Ergebnis der Jodprobe bei den jeweiligen Temperaturen einzutragen ist. Nur so ist im nachhinein gewährleistet, dass Sie die eventuell gemachten Brau- und Gärfehler eindeutig zuordnen und in Zukunft verhindern können. Ist die Jodprobe positiv, können Sie damit Fehler bis hierher ausschließen, da sich ja Maltose und Dextrin gebildet haben.

Läutern der Maische

Im Anschluss an den Maischevorgang erfolgt, wie beim Brauen in der Brauerei, das **Läutern** der Maische. Unter Läutern versteht man das Trennen der festen Bestandteile (**Treber**) von den flüssigen Bestandteilen (**Würze**) der Maische. In den Brauereien ist dieser Läuterprozess ein sehr zeitaufwendiger Vorgang, bei dem die Maische in einen eigenen **Läuterbottich** umgepumpt wird, der am Boden kleine Löcher bzw Schlitze besitzt, durch den dabei die flüssige Würze abfließen kann, welche dann in der Würzepfanne mit dem Hopfen vermischt gekocht wird. Dieser Vorgang dauert in den Brauereien rund 3–4 Stunden und dabei werden die festen Bestandteile des Trebers als natürlicher Filter benutzt, durch den die Würze durchfließen muss. Vor allem Gerstenmalz ist als natürliches Filtermittel sehr gut geeignet, wodurch bei anderen Bieren immer Mischungen mit Gerstenmalz verwendet werden um diese Filtereigenschaften der Gerste (Spelz) optimal auszunützen.

Für erste Brauversuche eignen sich **Stoffwindeln,** die als Filterstoff verwendet werden und über einen Kübel gespannt werden. Die Stoffwindeln werden dabei mit Wäscheklammern am Rand des Kübels befestigt. Drücken Sie mit der Hand eine Mulde von rund 10 cm Tiefe in die Mitte der Windel, damit Sie sehen können, wann der Kübel voll ist. Eine wesentliche Erleichterung und Verbesserung vom Arbeitsablauf ist es dabei vor dem Filtern über die Stoffwindeln eine grobe Trennung der Würze vom Treber über ein **grobes Nudelsieb** vorzunehmen. Dieses Nudelsieb hat den Vorteil, dass die groben Bestandteile der Maische gleich im Sieb verbleiben und die Stoffwindeln damit nicht sofort verstopft sind. Der in der Stoffwindel verbleibende Treber wird durch das gleichzeitige Anheben der Windel an allen vier Enden und das Entfernen der Wäscheklammern vom Kübel entfernt. Je nach Fassungsvermögen und abhängig von Ihrer Braukapazität, werden Sie mehrere Kübel für die Zwischenlagerung der Würze benötigen. Der jetzt in der Stoffwindel enthaltene Treberrest wird in der Windel vorsichtig verdreht und ausgedrückt. Bei einer Braukapazität von 10–20 Litern lassen sich mit diesem **„Windelverfahren“** durchaus zufriedenstellende Ergebnisse erzielen. Beabsichtigen Sie jedoch öfters zu brauen – oder wollen Sie pro Sud gleich größere Mengen brauen – werden Sie mit den Stoffwindeln bald an Kapazitätsgrenzen stoßen. Als Alternative bieten die Anbieter von Braubedarfszubehör **Industriefilter aus Kunststoff** an, die wie Trichter oder Säcke genäht sind und mit denen es möglich ist die bereits grob über ein Nudelsieb getrennte Würze relativ einfach und sauber zu trennen. Diese Trichter und Säcke werden laufend umgestülpt und mit Wasser problemlos gereinigt, was einen besseren und vor allem schnelleren Arbeitsablauf als bei den Stoffwindeln ermöglicht.

Eine zusätzliche Arbeitserleichterung ist es, wenn Sie den heißen Maischetopf **(Achtung: Verbrennungsgefahr)** nicht direkt über den Filter leeren, sondern mit einem kleineren Gefäß Mengen zwischen einem halben und einem Liter diesem Maischetopf entnehmen. Nachdem im Maischetopf die schwereren Bestandteile der Maische – der Treber – bereits zu Boden gesunken sind, werden daher zuerst die flüssigen Teile der Würze relativ leicht abgeschöpft. Der verbleibende Treber wird aus dem Sieb wieder zurück in den leeren Maischetopf gegeben und mit dem **Nachguss** ausgeschwemmt, um die noch enthaltenen brauwichtigen Bestandteile besser lösen zu können. Für den Nachguss verwenden Sie ebenfalls 78° C heißes Wasser in der Menge wie in den Rezepten angegeben, bzw. um die gewünschte Menge Bier zu erhalten.

Nach dem Läutern wird jetzt der Maischetopf **gesäubert**, da in diesen jetzt die Würze wieder zurückgeleert wird.

Eine weitere Form der Trennung der festen und flüssigen Maischebestandteile ist: Ein Tuch oder eine Windel wird über einen **umgekippten Tisch** gespannt, an den Tischbeinen befestigt und ein Gefäß unter diesen „Filter" gestellt. Diese Form des Läuterns hat den entscheidenden Vorteil, dass Sie im untergestellten Gefäß immer genau sehen können wann das Gefäß voll ist und entleert werden muss. Außerdem ist ein umgekehrter Tisch wesentlich **stabiler** als ein Kübel, da er eine größere Auflagefläche besitzt und eine geringere Gefahr besteht, dass er umkippt.

Für Bastler und Perfektionisten sei hier auch ein Plan für die Konstruktion eines eigenen Läuterbottichs vorgestellt (siehe Seite 82 und 83).

Läuterbottich

Das oben beschriebene „Windelverfahren“ hat, so Sie beabsichtigen öfters zu brauen, einige Nachteile. Das Trennen ist reine **Handarbeit** und daher sehr zeitaufwendig, zudem gelangen beim Läutern über die Stoffwindeln relativ viele **Trübstoffe** des Malzes in die Würze, welche Probleme bei der Gärung hervorrufen und den Geschmack des Bieres negativ beeinflussen können. Durch die Konstruktion eines eigenen Läuterbottichs ist es möglich den zeitintensiven Läuterprozess zu **automatisieren bzw. z.T. zu automatisieren**. Ein Läuterbottich sollte so beschaffen sein, dass er ein Abflussventil an der Unterseite besitzt, durch das die geläuterte Würze abfließen kann. Am Boden dieses Läuterbottichs befindet sich ein genau passender **Einsatz** mit vielen kleinen Löchern oder kleinen Schlitzen im Durchmesser von 1 bis maximal 1,5 mm. Die festen Bestandteile des Trebers sinken zu Boden und bilden einen **natürlichen Filter**, durch den die Würze geklärt wird

8 **Lebensmittelechte Mostfässer aus Kunststoff mit einem Einsatz**

9 **Maische wird getrennt**

10 **Abfluss der Würze (Läutern)**

11 **Verbleibender Treber**

(Philipp Hlatky)

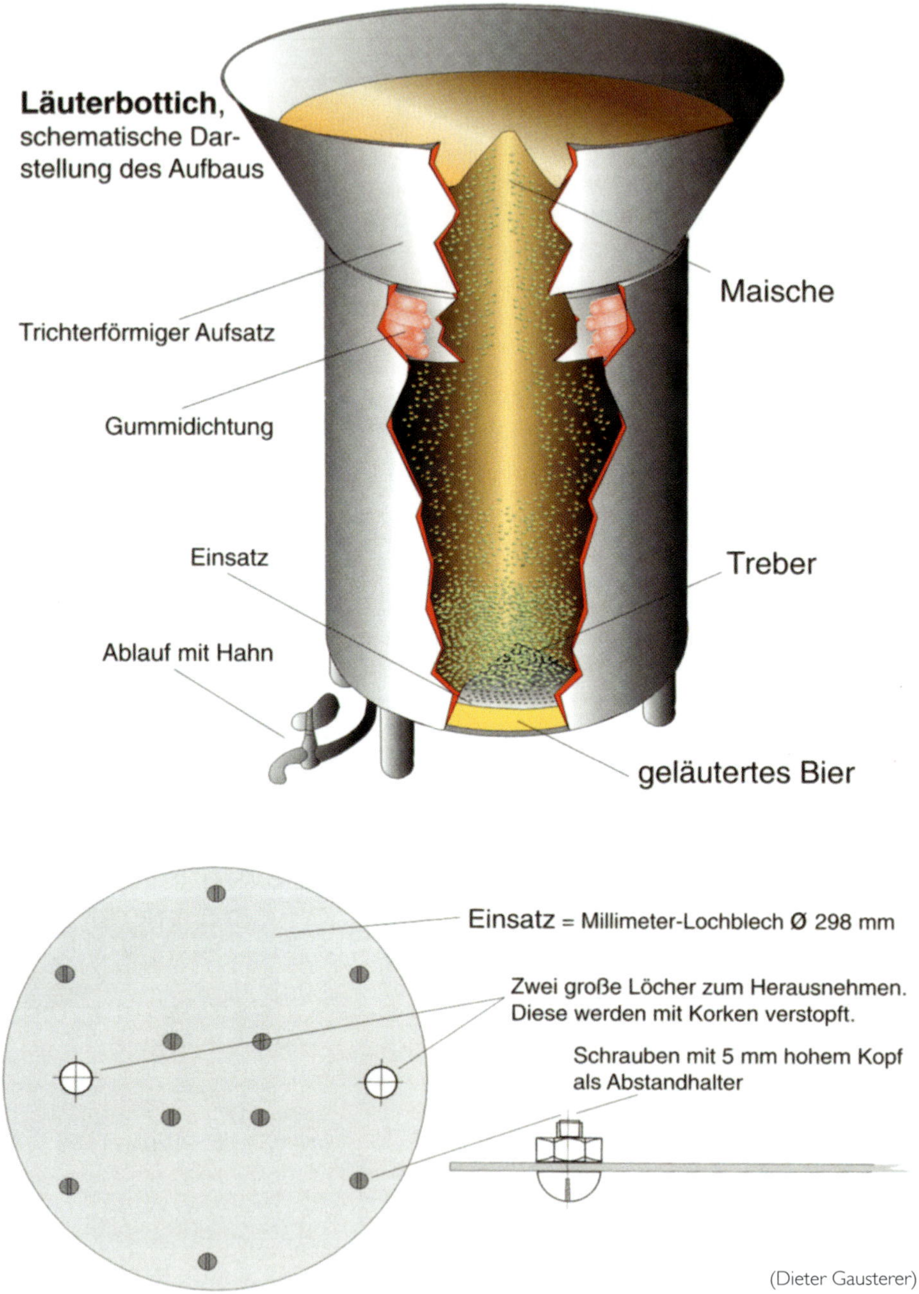

(Dieter Gausterer)

LÄUTERBOTTICH

Planskizze

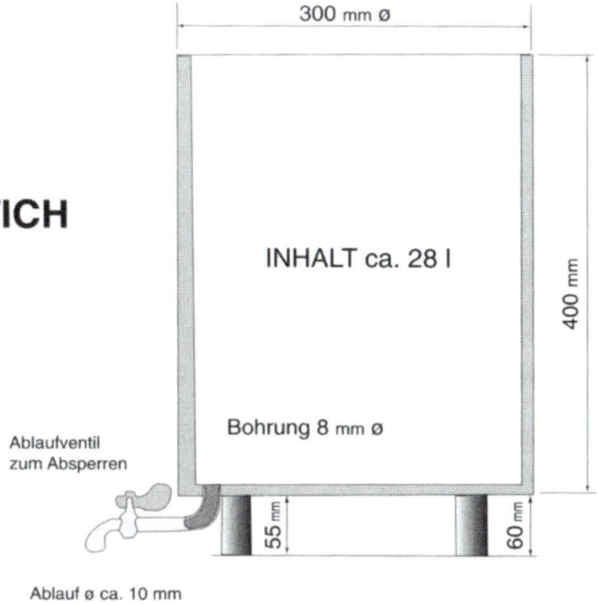

Erweiterbar mit trichter-
förmigem Aufsatz bis
60 l Maische

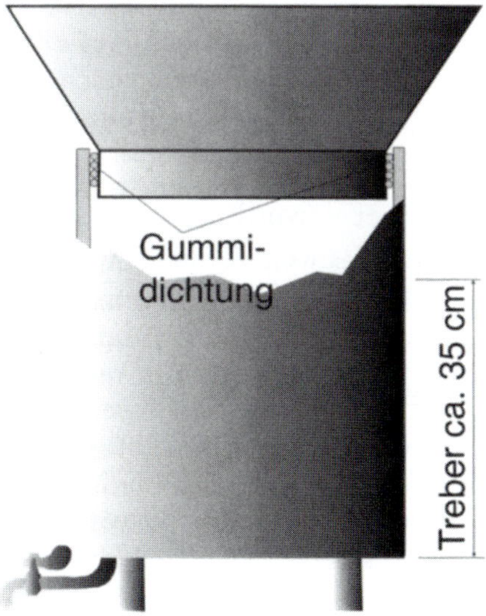

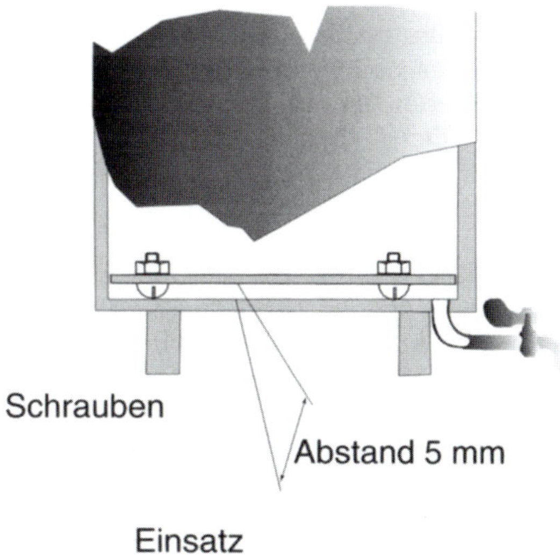

(Dieter Gausterer)

und durchsickern kann. Selbstverständlich sind Ihrem Einfallsreichtum und handwerklichem Geschick bei der Verbesserung und Konstruktion solcher Läutergeräte keine Grenzen gesetzt. Achten Sie nur bei der Konstruktion derartiger Geräte immer darauf, dass die Löcher im Einsatz groß genug sind, um die Würze innerhalb einer vernünftigen Zeit abfließen zu lassen, aber auch wieder klein genug, um die festen Treberbestandteile der Maische zurückzuhalten.

Sollten Sie einen **Entsafter** zur Herstellung von Obstsäften besitzen, können Sie diesen mit geringem Aufwand in einen einfachen Läuterbottich umfunktionieren. Diese Entsafter besitzen nämlich bereits einen Einsatz mit Löchern und eine Ablassvorrichtung mit einem Gummischlauchstück. Die zu groben Löcher des Einsatzes werden mit einem Industriefilter oder einem engmaschigen **Gazenetz** mit Löchern im Durchmesser von 1 mm ausgelegt.

Lebensmittelechte Mostfässer aus Kunststoff für Apfelsäfte besitzen einen Einsatz, der schwimmend auf der Flüssigkeit aufliegt, um dort die Vergärung in Most (Apfelwein) zu verzögern. Diesen Einsatz können Sie einfach mit einem Bohrer im Durchmesser von 1 mm mit Löchern versehen und erhalten damit einen kostengünstigen Läuterbottich, der aller Anforderungen an das Trennen der Flüssigkeit vom Treber erfüllt, da auch ein integriertes Ablassventil das kontrollierte Läutern ermöglicht.

Kochen der Würze

Nach dem Läutern der Maische haben Sie jetzt die flüssige Würze, die im dritten Arbeitsschritt, dem **Würzekochen,** weiterverwendet wird.

Die festen Bestandteile der Maische – der Treber – wurde ja beim Läutern mit dem Nachguss ausgeschwemmt und hat jetzt für das weitere Bierbrauen keine Bedeutung mehr. Dieser Treber enthält aber noch einige wichtige Inhaltsstoffe, welche durchaus noch für die menschliche oder tierische Ernährung eingesetzt werden können. Große Brauereien haben Verträge mit Viehmastbetrieben oder Landwirten, welche dieses Abfallprodukt der Biererzeugung als Futterbeigabe bei der Tierfütterung einsetzen. Im Mittelalter wurde aus diesem Treber, vermischt mit Mehl, ein so genanntes **„Treberbrot"** gebacken. Einige kleine Hausbrauereien, welche noch vorwiegend nach dem Infusionsverfahren brauen (dabei wird der Treber nicht so sehr zerkocht), bieten Ihren Gästen heute wieder dieses Treberbrot als besondere Spezialität zum Bier an, wobei der Treber (30 – 40 %) mit Mehl und Sauerteig (oder Backhefe) vermischt und zu Brot oder Gebäck gebacken wird. In frischem Zustand – bevor der Treber zu gären beginnt – liefert dieser als Beigabe zum Müsli wichtige Ballaststoffe für die menschliche Ernährung.

Der Abfall Ihrer Heimbiererzeugung kann natürlich an Hühner, Rinder oder Schweine verfüttert werden, oder als Bioabfall **kompostiert** werden. Nachdem beim Bierbrauen ausschließlich natürliche Zutaten verwendet werden, entstehen gerade beim Brauen zu Hause mit den kleinen überschaubaren Dimensionen keinerlei Umweltbelastungen durch Rückstände oder chemische Substanzen!

Die Würze wird nun in den gereinigten Kochtopf (Maischebottich) zurückgeleert und möglichst rasch zum Kochen gebracht. Um Energie zu sparen, sollten Sie mit einem **geeigneten Deckel** den Kochtopf verschließen, damit nicht zuviel Wasserdampf während des Kochens entweichen und die Würze **wallend kochen** kann. Durch das Kochen der Würze entweicht unweigerlich etwas Wasser in Form von Wasserdampf, jedoch die **brauwichtigen Extrakte** des Bieres wie Maltose, Dextrin und die jetzt beigefügten Hopfenbestandteile bleiben auf jeden Fall in der Würze zurück. Es steigt dadurch sogar die Konzentration dieser Ex-

12

13

14

12 **Die Würze in den gereinigten Kochtopf zurückleeren**

13 **Die Würze wallend kochen**

14 **Die brauwichtigen Extrakte des Hopfens lösen sich in der Würze**

(Philipp Hlatky)

traktstoffe (Stammwürze) an und durch Zugabe von Wasser oder das gezielte Verkochen von Wasser kann die Stammwürze jetzt exakt festgelegt werden. Durch Entnahme einer kleinen Menge der Würze und Abkühlung auf 20° C (Bierspindeln sind zumeist auf diese Temperatur geeicht), wird jetzt mit der Bierspindel der Stammwürzegehalt genau festgestellt und eventuell nach oben – durch Verkochen von Wasser, oder nach unten durch Beigabe von Wasser den gewünschten Stammwürzestärken Ihres Bieres angepasst. Die Handhabung dieser Bierspindeln wird auf Seite 90 f. genau beschrieben.

Beginnt die Würze im Topf zu kochen, wird die jeweils im Rezept angegebene Hopfenmenge und -sorte der kochenden Würze beigegeben. Erfahrene Brauer geben diese **Hopfengaben** nicht auf einmal der Würze bei, sondern verteilen diese auf **2–3 Teile,** wobei die qualitativ hochwertigsten und damit auch teuersten Hopfensorten erst zum Schluss der Kochzeit (1–1 ½ Stunden) in die Würze gegeben werden. Wie bei den Hopfensorten im Kapitel Rohstoffe auf Seite 31 ff. bereits beschrieben gibt es verschiedene Formen der Hopfenbeigabe (**Pellets, Hopfenpulver, getrockneter Naturhopfen oder flüssiger Hopfen**), welche sich hinsichtlich Qualität, Geschmack und vor allem Intensität sehr stark voneinander unterscheiden.

Vorsicht daher bei der **Dosierung des Hopfens** um nicht unliebsame geschmackliche Überraschungen hinsichtlich Herbheit bzw. Bitterkeit zu erleben! Als Grundregel gilt, je mehr Hopfen desto bitterer wird das fertige Bier. Hopfenpellets, das ist Hopfenpulver in konzentrierter Form und flüssiger Hopfen sind beispielsweise wesentlich ergiebiger als der getrocknete Naturhopfen. Zumeist geben auch Typenbezeichnung und Beipackerklärungen Ihres gekauften Hopfens bereits Aufschluss über die Qualität und vor allem die Intensität dieses heiklen Agrarproduktes.

Während des gesamten Kochvorganges lagern sich immer wieder Hopfenteile am Deckel, oder an den Seitenwänden des Kochtopfes ab, welche von Zeit zu Zeit vorsichtig wieder mit dem Kochlöffel zurück in die Würze gerührt werden. Achten Sie darauf, dass die Würze immer leicht wallend kocht, aber nicht zu sehr, dass es nicht zu einem **Überkochen** der klebrigsüßen Würze kommt.

Das Kochen der Würze dient einerseits dazu, die **Würze zu sterilisieren**, da durch das Kochen bei mehr als 100° C über einen Zeitraum von 1–1 ½ Stunden Bakterien und Keime abgetötet werden, andererseits lösen sich beim Kochen der Würze die charakteristischen herben Bitterstoffe des Hopfens und verleihen dabei der Würze und dann dem fertigen Bier seine **geschmacksbestimmende Note**. Nachdem die ätherischen Öle des Hopfens aber hochflüchtig sind, entweichen sehr viele dieser Bestandteile beim Kochen wieder aus der Würze und schlussendlich verbleiben nur rund **20 % der Bitterstoffe** des Hopfens im fertigen Bier. Das erklärt, warum die teuersten Aromahopfensorten erst zum Schluss des Kochvorganges der Würze beigegeben werden, um sicherzustellen, dass deren hochwertige geschmacklichen Komponenten ins Bier gelangen.

15 **Hopfenbeigabe** (Philipp Hlatky)

Durch das Kochen der Würze kommt es zusätzlich noch zu einem Ausscheiden der **Eiweißbestandteile**, welche beim anschließenden Filtern und Abkühlen aus der Würze gefiltert werden (**Heißtrubabscheidung**).

Während die Würze kocht, können Sie bereits die nächsten Schritte im Brauvorgang vorbereiten, indem Sie die Kübel und Filter sorgfältig reinigen, saubere neue Stoffwindeln zum Filtern auf diese Kübel spannen und eventuelle Kühlgeräte wie Eiswasserflaschen und Kühlakkus auf deren Einsatzbereitschaft überprüfen.

Filtern und Abkühlen der Würze

Am Ende des Kochvorganges der Würze folgt nun als nächster Schritt beim Bierbrauen zu Hause das **Filtern** und daran anschließend das **Abkühlen** der Würze auf die gewünschte Gärtemperatur. Das Filtern erfolgt wie im Kapitel Läutern bereits ausführlich beschrieben über frische, saubere Stoffwindeln, die über Kübel gespannt werden und mit Wäscheklammern befestigt werden. Durch das Filtern der heißen Würze werden die festen **Hopfenrückstände** und das durch das Kochen ausgefallenen **Eiweiß (Heißtrub)** aus der Würze entfernt. Die Würze wird dadurch relativ klar und je feiner diese Filterung erfolgt, umso besser wird anschließend die Vergärung der abgekühlten Würze durch die Hefe erfolgen. Eiweißreste, Maischereste und Hopfenbestandteile unterdrücken bzw. behindern eine ordentliche alkoholische Gärung. Es kommt dann zu Schmiergärungen bis hin zu Fehlgärungen.

Vorsicht beim Entnehmen der Würze aus dem Kochtopf, es besteht durch die kochende Würze große **Verbrühungsgefahr!**

Ganz wichtig ist es jetzt, die gefilterte Würze möglichst rasch auf **Gärtemperatur abzukühlen** um eventuell wilde Hefen oder Bakterien, die in der Raumluft vorhanden sein könnten, an einer Vermehrung

16

17

18

16 **Die Würze filtern**

17 **Hopfenrückstände**

18 **Eiweißreste, Maischereste und Hopfenreste**

(Philipp Hlatky)

in der Würze zu hindern. Es gibt mehrere verschiedene Möglichkeiten der Abkühlung der Würze. Durch mehrmaliges **Umleeren** von den Kübel zurück in den – natürlich sauber gereinigten – Topf und wieder zurück in die Kübel, lässt sich sehr rasch die Kochtemperatur der Würze auf rund 60° C absenken. Unter diese Temperatur kann man die Würze durch bloßes Umleeren nur sehr schwer und in einem langwierigen Vorgang bringen. Hier bietet sich jetzt die Möglichkeit an den Kochtopf mit der warmen Würze in die Badewanne zu stellen und von außen mit **fließendem kalten Wasser** abzukühlen, oder den Topf in einen Bottich (Plastikwanne) mit kaltem Wasser zu stellen und mit fließendem kalten Wasser abzukühlen, wobei dabei das Kühlwasser über den Bottichrand in den Abfluss fließt. Das Umleeren sollte nach Möglichkeit im Freien erfolgen, da die Temperaturreduktion dort zumeist schneller erfolgt und die Verschmutzungsgefahr durch das Umleeren geringer ist.

Bei Vorträgen wurde erzählt, dass man durch **Kupferrohre**, welche an die Wasserleitung angeschlossen werden und in Schlangen durch die heiße Würze gelegt werden, eine Abkühlung der heißen Würze im Gegenstromprinzip erreicht. Am anderen Ende des Kupferrohres, oder der Kupferspirale, erhalten Sie dann zusätzlich warmes Wasser, mit dem Sie bereits Ihre gebrauchten Arbeitsgeräte reinigen können. Ein Plastik- oder besser noch Gummischlauch in Spiralen durch die Flüssigkeit gelegt, erfüllt ähnliche Kühlfunktionen, wenn auch der Wärmeaustausch material bedingt bei Kupferrohren am besten ist. Achten Sie hier besonders auf Hygiene, da die Würze jetzt besonders anfällig für Bakterien und „wilde“ Hefen ist!

Eine weitere, relativ einfache Methode, um die heiße Würze rasch ab-

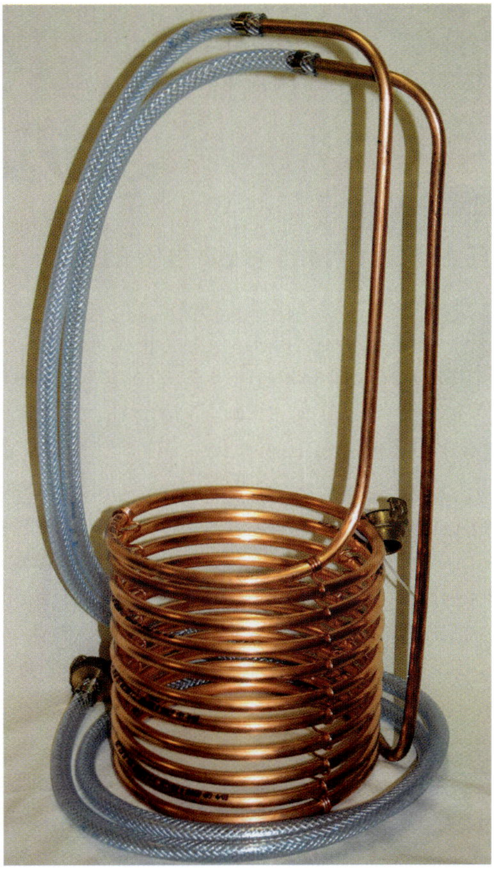

Kupferkühlschlange (Holzeis)

zukühlen, besteht darin, die **Kühlakkus** aus Frischhalteboxen oder große **PET-Flaschen** von alkoholfreien Getränken (1,5–2 Liter), welche aus lebensmittelechtem Kunststoff bestehen, und die mit Wasser befüllt im Tiefkühlschrank eingefroren werden, direkt in die heiße Würze zu geben. Dabei schmilzt das gefrorene Wasser in den Plastikflaschen bzw. das Kühlmittel in den Kühlakkus und die Würze werden gleichzeitig abgekühlt. Diese Kühlmethode eignet sich hervorragend dazu das Bier bei der Vergärung auf 15–20° C bei obergäriger Vergärung abzukühlen, da durch den Gärprozess Energie freigesetzt wird, welche wiederum die Gärtemperatur erhöht. Aus hygienischen Gründen sollten diese Flaschen und die Kühlakkus kurz mit heißem Wasser abgespült werden, um nicht über diese Kühlgeräte Bakterien und Verunreinigungen in die heiße Würze zu bringen.

Durch das Abkühlen der Würze fallen noch einige feste Bestandteile aus (**Kalttrübabscheidung**), welche durch nochmaliges Filtern über eine saubere Stoffwindel ausgefiltert werden können.

Bestimmen der Stammwürze

Sie haben sicherlich schon auf den Bieretiketten von Bierflaschen die Angaben **Stammwürze** oder Würze in % und **Alkoholgehalt** in Vol % gesehen. Diese beiden Angaben hängen zwar indirekt zusammen, sind aber nicht zu verwechseln. 12 % oder Grad Stammwürze – ein typisches Vollbier – bedeutet beispielsweise, dass auf 1 l Würze (1000 g) 120 g gelöste Stoffe (Extrakte) und 880 g Wasser kommen. Diese Stammwürze ist nach dem *Deutschen Biersteuergesetz*, den österreichischen und auch nach den Schweizer Bestimmungen die Basis für die Entrichtung der mengen- und stärkeabhängigen Biersteuer. Siehe dazu im Anhang die genauen rechtlichen Bestimmungen für das Brauen zu Hause auf Seite 156. In diesen oben angeführten Gesetzen werden ein **Mindestwürzegehalt** für die jeweilige Bierkategorie festgelegt, der auf keinen Fall unterschritten werden darf. Für den Hausbrauer, der sein Bier ja nicht entgeltlich abgibt, haben zwar diese Bestimmungen nicht unmittelbar eine große Bedeutung, doch sind gerade in Deutschland durch eine Meldung an das nächste **Hauptzollamt** gewisse formale Vorschriften beim Brauen zu Hause einzuhalten und die Bestimmung der Stammwürze gehört eben auch zum Bierbrauen!

Wirklich exakt können Sie den Stammwürzegehalt Ihres Bieres nur mit einer geeichten Bierspindel bestimmen. Diese sind im einschlägigen Fachhandel (siehe Bezugsquellenverzeichnis auf Seite 158) relativ günstig erhältlich. Geeicht sind diese Bierspindeln, da für den Hobbybrauer eher obergärige Vergärung in Frage kommt, auf 20° C. Die Bierspindel, siehe nebenstehendes Bild, wird in eine kleine Menge auf Gärtemperatur (20° C) abgekühlte Würze gegeben. Je nach Extraktgehalt (Stammwürze) sinkt die Bierspindel mehr oder weniger tief ein und der genaue Wert der Stammwürze kann am oberen Rand der **Skala der Bierspindel** abgelesen werden. Als Gegenprobe, ob die Bierspindel auch einwandfrei funktioniert, können Sie diese in reines Wasser tauchen und bei einer Temperatur vor 20° C müsste die Skala genau 0 anzeigen, da im reinen Wasser keine Extrakte gelöst sind.

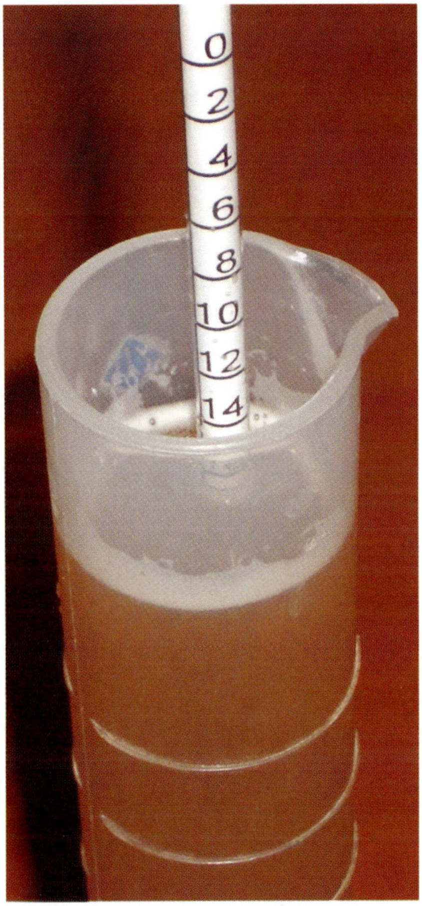

Stammwürzebestimmung

(Philipp Hlatky)

Auch während der **Vergärung** entnehmen Sie laufend Proben und überprüfen den **Gärverlauf.** Je weiter die Gärung fortgeschritten ist, also der Zucker von der Brauhefe bereits in Alkohol und Kohlensäure umgewandelt wurde, desto stärker **sinkt gleichzeitig die Stammwürze**. Nur so können Sie genau das **Ende der Hauptgärung** und damit den richtigen Zeitpunkt für das **Abfüllen** des fertigen Bieres bestimmen. Wenn Sie beim ersten Überprüfen der Stammwürze einen Wert von 12 Grad als Stammwürze ermittelt haben, ist der richtige Zeitpunkt um das Bier zur Nachgärung in die Flaschen zu füllen ungefähr bei 5 Grad Stammwürze auf der Anzeige der Bierspindel erreicht. Wird das fertige Bier zu früh zur Nachgärung in die Flaschen gefüllt, besteht die Gefahr, dass es durch die Nachgärung zu so einem Überdruck kommt, dass es die **Flaschen zum Zerbersten** bringt! Es ist gigantisch, welche Kräfte durch die Vergärung freigesetzt werden. Eine explodierende Flasche wirkt wie eine Bombe und die Glassplitter fliegen mehrere Meter im Umkreis und können dabei für Menschen gefährlich werden! Wird hingegen zu spät abgefüllt, kann sich bei der Nachgärung in der **Flasche keine Kohlensäure mehr bilden**, das Bier schmeckt ohne diese prickelnde Kohlensäure fad und kann nur mit gekauftem Bier „verschnitten" werden. Um aber **Verfälschungen** bei der Überprüfung der Stammwürze zu vermeiden, müssen bei der Probe, die Sie während der Vergärung entnehmen, durch kräftiges Rühren und Schütteln die Kohlensäure aus der Gärprobe entfernt werden, da der **Auftrieb** der **Kohlensäure** den Wert auf der Bierspindel verfälschen würde. Zum Entfernen der Kohlensäure können Sie die Probe auch durch einen handelsüblichen Kaffeefilter mit **Filterpapier filtern**, wobei die Kohlensäure im Filterpapier zurückgehalten wird. Rühren Sie nicht mit der Bierspindel um, da diese aus Glas besteht, welches sehr leicht zerbricht! Diese Bierspindeln kosten in den einfachsten Ausführungen zwischen 10 und 15 Euro und sind im einschlägigen Fachhandel, sowie in verschiedenen Drogerien erhältlich. Es gibt von diesen Testgeräten auch wesentlich komfortablere Ausführungen, beispielsweise mit einem **integriertem Thermometer** und je nach Größe der Bierspindel mit einer detaillierteren Skala.

In den deutschsprachigen Ländern erfolgt eine Einteilung der Biere üblicherweise nach ihrem jeweiligen Stammwürzegehalt, wobei dieser wie bereits erwähnt die Basis für die Entrichtung der **Biersteuer** ist. In untenstehender Tabelle können Sie in einem Überblick die einzelnen Unterschiede zwischen Deutschland, Österreich und der Schweiz sehen.

Deutschland		Österreich		Schweiz	
Einfachbier	2–5,5%	Abzugsbier	9–10%	Lagerbier	10–12%
Schankbier	7–8%	Schankbier	10–12%	Spezialbier	11–14%
Vollbier	11–14%	Märzenbier	12–14%	Starkbier	mehr als 14%
Starkbier	mehr als 14%	Bockbier	mehr als 14%		

Beigabe der Hefe und die Hauptgärung

Ist die je nach dem Gärverfahren – obergärig oder untergärig – gewählte Gärtemperatur erreicht, wird die vorbereitete **Gärhefe** der abgekühlten **Würze beigegeben**. Wird **Trockenhefe** beim Brauen zu Hause verwendet, so ist diese einige Stunden vor der Beigabe zur Vergärung bereits vor- und aufzubereiten (wieder zu beleben). Dabei wird die Trockenhefe in der auf der Packung angegebenen Menge Wasser gequollen und damit wieder aktiviert. Um zu **überprüfen**, ob diese Trockenhefe auch tatsächlich aktiv ist, haben Sie die Möglichkeit, entweder durch Beigabe von Fruchtsaft (zuckerhältig), oder durch das Auflösen von Zucker in der Quillflüssigkeit diese zu testen. Arbeitet die Bierhefe, bilden sich nach einiger Zeit Bläschen an der Oberfläche der Flüssigkeit, da durch die Gärung der Zucker in Kohlensäure und Alkohol umgewandelt wird. Die aufsteigenden Kohlensäurebläschen zeigen diesen Vorgang genau an. Bei **Flüssighefe**, die Sie aus einem Ihrer letzten Brauversuche geerntet haben und zwischenzeitlich im Kühlschrank in einer Flasche gelagert haben, entfällt der Vorgang des Quillens, da sich hier die Bierhefe bereits in flüssiger Form befindet. Sehr wohl können Sie auch diese Hefe auf Ihre Aktivität mittels oben angeführtem Verfahren überprüfen. Die Beigabe der Hefe sollte immer bei optimaler Gärtemperatur erfolgen. Obergärige Hefe muss dabei aus dem Kühlschrank langsam auf eine Temperatur von rund 20° C erhöht werden.

Sie sollten jetzt entscheiden, in welchem Gärgefäß Sie die Vergärung Ihres Bieres durchführen wollen. Für erste Brauversuche eignet sich sicherlich der wieder gereinigte **Maische- und Würzetopf**, der ja auch von der Kapazität genau Ihrer Braumenge entspricht. Wenn Sie vor haben öfters zu brauen, ist es vorteilhafter sich einen eigenen Gärbehälter anzuschaffen, der nach Möglichkeit ein **integriertes Ablassventil** am Boden, oder an der Seite dieses Behälters besitzt. Diese Gärbehäl-

19 **Temperierte Flüssighefe wird der Würze beigefügt**

(Philipp Hlatky)

ter gibt es in Lagerhäusern und Baumärkten und werden unter der Bezeichnung Mostfässer oder Fruchtweinfässer angeboten. Achten Sie unbedingt darauf, dass es sich bei diesen Kunststoffbehältern um lebensmittelechten Kunststoff handelt, aus dem sich bei der Vergärung des Bieres keine schädlichen Stoffe, wie chemische Weichmacher und andere, zumeist Krebs erregende, Substanzen lösen können. Diese Behälter gibt es in den unterschiedlichsten Ausführungen und Größen, mit Kunststoffventilen, bis hin zu Kugelkopfventilen aus Metall, mit einem verschließbaren Deckel und einer Möglichkeit dort einen Gärspund anzubringen. Sie können daher mit diesen Gärbehältern nach dem klassischen Verfahren in **offenen Bottichen gären**, sowie unter Verwendung eines Gärspundes mit entsprechendem Gegendruck einen eigenen geschlossenen **Gärtank** zu Hause bauen. Achten Sie beim Kauf eines solchen Bottichs besonders darauf, dass sich dieser innen **leicht reinigen** lässt.

Im Fachhandel, siehe auch Bezugsquellenverzeichnis auf Seite 158, werden auch eigene Gärgefäße für Kühlschränke angeboten, welche mit Kohlensäurepatronen ausgerüstet werden können und damit gleich ein Zapfen des fertigen Bieres aus diesem Tank erlauben.

Diese Fässer haben zum Teil auch Vorrichtungen, die eine Entnahme des Bieres von der Oberfläche erlauben, wodurch es klar gezapft werden kann. Die Hefe bleibt dabei am Boden und wird bei der Entnahme nicht jedes Mal aufgewirbelt.

Bis zum **Einsetzen der Hauptgärung** vergehen jetzt einige Stunden, in denen das noch nicht gärende Bier besonders anfällig für in der Luft enthaltene wilde Hefen oder Bakterien ist. Sollten sich in dieser Phase der Biererzeugung diese Lebewesen gegenüber den von Ihnen bewusst beigefügten Reinzuchthefen durchsetzen können, kommt es im Anschluss dann zu Fehlgärungen, da sich diese wilden Hefen und vor allem Milchsäurebakterien gegenüber der Bierhefe behaupten werden. Das fertige Bier kann sauer und damit ungenießbar werden. Verschließen Sie daher bis zur Bläschenbildung an der Oberfläche der Bierwürze Ihr Gärgefäß mit einem sauberen Tuch, oder einem geeigneten Kochdeckel. Die bei obergärigen Bieren jetzt nach 12–24 Stunden einsetzende **stürmische Gärung** führt dazu, dass sich zuerst ein **weißer Schaum an der Oberfläche der Gärflüssigkeit** bildet, der nach einiger Zeit durch die abgestorbenen Hefen und die Hopfenbestandteile sich braun zu färben beginnt. Vorsichtig wird dieser Schaum mit einem Schöpflöffel abgehoben und aus dem Gärgefäß entfernt (entsorgen).

Achten Sie während der Hauptgärung ganz genau darauf, dass die zulässige Gärtemperatur bei obergärigen Hefen von 15–20° C nicht überschritten wird. Bei den während der alkoholischen Gärung durch die Bierhefen ablaufenden biochemischen Prozessen bildet sich neben Alkohol und Kohlensäure auch **thermische Energie (Wärme)**, die zu einer Erwärmung der Gärflüssigkeit über die optimale Gärtemperatur hinausführt. Durch Abkühlen mit Kühlakkus oder mit den wieder gefrorenen Getränkeflaschen können Sie die Temperatur recht genau regulieren. Steigt die Temperatur bei der Gärung zu stark an, kommt es zu keiner kontrollierten Gärung mehr und die Hefen werden durch zu hohe Temperaturen geschädigt bis hin zum vollständigen Absterben der Hefen.

Bei obergärigen Hefen dauert der jetzt ablaufende Prozess der **Hauptgärung rund 2–3 Tage,** wobei hier entscheidend ist, welcher Hefestamm verwendet wird. Besonders aktive Hefen, auch solche nach mehrmaliger Verwendung, beginnen recht bald mit der Hauptgärung und die gesamt Hauptgärung dauert dann vielleicht nur rund 2–2 ½ Tage. Der genaue Stand der Vergärung kann jedoch nur mit der Bierspindel exakt bestimmt

20

21

22

23

20 **Einsetzen der Hauptgärung**

21 **Temperatur kontrollieren**

22 **Fortgeschrittene Gärung**

23 **Obergärige Hefe nach rund 2–3 Tagen**

(Philipp Hlatky)

24

25

26

27

werden. Wie im Kapitel Bestimmen der Stammwürze auf Seite 90 ff. ausführlich beschrieben, nimmt mit dem Fortschreiten der Vergärung der **Extraktgehalt im Bier ab**, so wie gleichzeitig der **Alkoholgehalt** im Bier **ansteigt,** und die sich bei der Vergärung bildende Kohlensäure (CO_2) entweicht dabei an die Raumluft. Mit der Bierspindel wird jetzt der genaue Zeitpunkt bestimmt, um die Hauptgärung zu beenden und die Nachgärung in den Flaschen oder in den Fässern einzuleiten. Betrug der Stammwürzegehalt vor der Beigabe der Hefe 12° (Vollbier), so wird der optimale Zeitpunkt zur Beendigung der Hauptgärung zwischen 5–6° liegen. Zu diesem Zeitpunkt ist einerseits noch genügend Restzucker vorhanden, um eine Anreicherung des fertigen Bieres mit **Kohlensäure in der Flasche** oder im Fass während der Nachgärung zu bewirken, andererseits besteht nicht mehr die Gefahr, dass zu viel Zucker zu einem **Überdruck** bei der Nachgärung und damit zu einer **Explosion** der Bierflaschen führt.

24 **Abschluss der Hauptgärung**

25 **Vorsichtig Schaum mit Schöpflöffel abheben**

26 **Temperaturkontrolle**

27 **Zur Abfüllung bereit**

(Philipp Hlatky)

Obergärige Bierhefen degenerieren nicht so schnell wie untergärige Bierhefen und können daher weitaus öfter für das Brauen zu Hause verwendet (geführt) werden. Die von Ihnen geernteten Hefen werden „gewaschen“, d.h. sie werden mit Wasser gut vermischt, die Hefen setzen sich dann nach einiger Zeit wieder am Boden ab, das überschüssige Wasser wird aus der Flasche entleert, so dass die Hefe nur knapp von Flüssigkeit bedeckt ist und anschließend verschlossen im Kühlschrank stehend für weitere Gärversuche gelagert.

Wie bereits bei den Kapiteln Brauen in der Brauerei und Hefen erwähnt, benötigen untergärige Hefen beim Brauen zu Hause wesentlich niederere Temperaturen von 4–8° C, die sich zumeist ganzjährlich ohne elektrische Kühlung zu Hause nicht erzielen lassen. Mit einigem Geschick und gutem Willen lassen sich jedoch auch hier Wege finden, beispielsweise durch den Umbau eines **alten Kühlschrankes** zu einer elektrischen Kühlanlage. Besser ist es sicherlich, wenn Sie Ihre untergärigen Brauversuche erst im **Winter** starten, wenn die Aussicht besteht über einen Zeitraum von einer Woche diese niederen Temperaturen von 4–8°C erreichen und auch halten zu können. Dauert die **Hauptgärung** bei obergärigen Bieren 2–3 Tage, so benötigen untergärige Biere wesentlich länger – über eine Woche, rund **7–8 Tage**.

Im Fachhandel werden mittlerweile bereits untergärige Hefestämme angeboten, welche noch bei Temperaturen von 15° C zufrieden stellend arbeiten, was die Verwendung dieser Hefen für das Brauen zu Hause wesentlich erleichtert. Diese Hefestämme versuchen die Vorteile beider Gärverfahren – Gärung ohne elektrische Kühlung bei obergärigen Hefen und längere Haltbarkeit bei untergärigen Bieren – zu kombinieren.

Die Gärung bei untergärigen Bieren läuft auch nicht so stürmisch ab wie bei obergärigen Bieren und der Vergärungsgrad kann durch äußere Zeichen wie beispielsweise das Aufsteigen der Kohlensäurebläschen kaum beobachtet werden. Hier ist eine exakte Spindelung mit der Bierspindel unerlässlich, um den richtigen Zeitpunkt des Endes der Hauptgärung zu bestimmen. Gerade durch die lange Hauptgärung haben Sie bei untergärigen Bieren die Möglichkeit den optimalen Zeitpunkt exakt festzulegen, wann diese Biere auf Flaschen oder Fässer zur Nachgärung abgefüllt werden. Bei obergärigen Bieren kann es jedoch vorkommen, dass abends der Zeitpunkt zum Abfüllen noch nicht gekommen ist, in der Früh kann die Hauptgärung aber bereits so weit fortgeschritten sein, dass eine Nachgärung in der Flasche oder im Fass ohne Beigabe von Zucker in den Flaschen oder den Fässern nicht mehr möglich ist.

In einigen deutschsprachigen Büchern wird empfohlen, ähnlich wie in den Brauereien das Bier nach der Hauptgärung – das so genannte **Jungbier** – noch unter Gegendruck (Gärspund) in Glasballons oder einem anderen verschließbaren Gefäß zur **Nachreifung und Anreicherung mit Kohlensäure** zu lagern. Wir halten diesen großen technischen Aufwand mittels geschlossener Systeme – die unbedingt notwendig sind um ein Entweichen der Kohlensäure aus dem Bier zu verhindern – für das Brauen zu Hause in keiner Weise für ziel führend. Sicherlich wird damit der Vorgang des Bierbrauens in den Brauereien möglichst genau simuliert (Lagerung in Gärtanks) und Trübstoffe und Hefebestandteile zu einem großen Teil ausgefiltert. Das Bier wird damit insgesamt klarer, jedoch ist es technisch nicht möglich ohne industrielle Filteranlagen die gesamte Hefe und Trübstoffe beim Brauen zu Hause aus dem Bier zu filtern, ohne dass dabei die gesamte Kohlensäure entweicht. Wir empfehlen Ihnen daher es wie alle Hobbybrauer im englischen oder amerikanischen Bereich zu machen und die **Nachgärung auf den Flaschen** zu machen. Dabei wird das Jungbier nach dem durch die Spindelung mit der Bierspindel festgelegten optimalen Zeitpunkt in die sorgfältig gereinigten Flaschen abgefüllt. Dabei gelangen noch genügend Hefebestandteile in die Flasche um eine befriedigende Nachgärung in der Flasche auszulösen – so der Zuckergehalt des abgefüllten Jungbieres noch ausreichend ist. Die Hefebestandteile, sowie die Trübstoffe sinken während der Nachgärung in der Flasche zu Boden und bei entsprechend vorsichtigem Einschenken verbleiben diese Rückstände (Bodensatz) in der Flasche zurück und Ihr Bier wird ebenfalls eine ausreichende Klarheit aufweisen. Durch mehrmaliges Öffnen der Flasche (Bügelverschluss), lässt sich der Kohlensäuredruck, der bei der Nachreifung in der Flasche entsteht, genau regulieren.

Abfüllen des Jungbieres und Nachreifung

Um Ihr Selbstgebrautes vor dem Genuss zu lagern, gibt es mehrere Möglichkeiten mit entsprechenden Vor- und auch Nachteilen. Die verbreitetste Form Bier zu lagern und zu transportieren ist das Abfüllen in Bierflaschen in verschiedenen Formen und Größen. Daneben hat sich heute die Methode der Lagerung in Fässern aus Aluminium oder Stahl, weniger aus Holz, oder das Abfüllen des Gerstensaftes in Dosen und Container durchgesetzt. Mit einigen Einschränkungen stehen Ihnen zu Hause alle diese Möglichkeiten Ihr Bier abzufüllen offen.

Am einfachsten – und für die Zwecke der Hausbrauer wohl auch am besten geeignet – sind die **Bügelverschlussflaschen mit Porzellanverschluss**. Vor mehr als 100 Jahren traten diese Flaschen ihren Siegeszug an, wurden nach einiger Zeit von Flaschen mit Kronenkorken verdrängt und erst seit wenigen Jahren werden diese Bierflaschen wieder hauptsächlich für Spezialbiere zumeist in nostalgischen Flaschenformen angeboten. Im Fachhandel sind diese mehrfach verwendbaren Bügelverschlussflaschen in unterschiedlichsten Größen und Ausführungen erhältlich. Eines haben aber alle diese Systeme gemein, nämlich die Verwendung eines **Gummiringes** um das Porzellanstück dicht auf die Flaschenöffnung pressen zu können und damit das Entweichen der im Bier enthaltenen Kohlensäure zu verhindern. Wie alle anderen Flaschen auch lassen sich diese recht einfach reinigen und die Gummistücke werden durch **Auskochen** in heißem Wasser immer wieder **sterilisiert**, bzw. nach einiger Zeit wieder durch neue ersetzt. Diese Glasflaschen mit Bügelverschluss gibt es in Größen von 0,3 – 5 Liter.

28 **Flasche mit Porzellanverschluss**

29 **Dunkle Flaschen wegen der Lichtempfindlichkeit**

(Philipp Hlatky)

Euromehrwegflaschen und die schlankeren **NRW-Flaschen** können von Ihnen zu Hause ebenfalls befüllt werden, wobei Sie dazu ein eigenes **Handverschließgerät** und eine entsprechende Anzahl von Kronenkorken benötigen. Dieses Handverschlussgerät, siehe Abbildung unten, ist im einschlägigen Fachhandel genauso erhältlich, wie die dazupassenden Kronenkorken. Achtung die Kronenkorken sind jedoch nur ein einziges Mal dicht und müssen jedes Mal durch neue Kronenkorken ersetzt werden! Wenn Sie Ihr Bier mit diesen Kronenkorken verschließen, müssen Sie unbedingt vorher die exakte Vergärung bestimmen um eine optimale Nachgärung in der Flasche zu erzielen. Sie haben nicht – so wie bei den Bügelverschlussflaschen – die Möglichkeit Überdruck durch Entlüften, oder eventuell zu wenig Druck durch Beigabe einer kleinen Menge Zucker zu regulieren und damit steuernd in die Nachgärung einzugreifen!

Nicht besonders stilecht, aber zum Abfüllen des Bieres durchaus geeignet, sind **Mineralwasserflaschen** aus Glas und Getränkeflaschen aus **lebensmittelechtem Kunststoff.** Die Verschlüsse müssen nur entsprechend dicht sein, damit die Kohlensäure des Bieres nicht entweichen kann. Ob Sie Bier unbedingt aus Colaflaschen servieren wollen, müssen Sie für sich selbst entscheiden! Einen entscheidenden Nachteil haben diese Flaschen auf jeden Fall. Bier wird nämlich nicht umsonst in dunkelbraunen Flaschen abgefüllt. Es ist sehr lichtempfindlich, daher sind diese zumeist weißen bzw. durchsichtigen Flaschen für eine längere Lagerung von Bier eher abzulehnen, abgesehen vom ästhetischen Gesichtspunkt.

Auch Fässer können Sie zum Abfüllen Ihres Selbstgebrauten verwenden, wobei dabei ein ziemlich großer Aufwand betrieben werden muss. **Holzfässer** werden praktisch nicht mehr verwendet, da nur mehr wenige Brauereien sich den Luxus leisten, Bier in dieses ursprüngliche Transport- und Lagersystem zu füllen. Holzfässer lassen sich nämlich wesentlich schwerer reinigen als Stahl- oder Aluminiumfässer und Holzfässer müssen nach einiger Zeit innen wieder mit Pech „gepicht“ werden, was zeitaufwendig und teuer ist, damit diese Fässer gasdicht werden und die Kohlensäure nicht entweichen kann. **Stahl- und Alufäs-**

Kapselverschlußmaschine (Holzeis)

ser gibt es heute schon in Dimensionen für den Heimbrauer (10–12 Liter), wobei dann entsprechende **Füll- und Schankanlagen** mit Kohlensäurekartuschen und -patronen notwendig sind. Wie bereits erwähnt, gibt es kleine **Plastikfässer** mit einem Zapfsystem mit diesen Kohlensäurepatronen, welche es ermöglichen Bier im Fass länger zu lagern und im Kühlschrank einige Tage nach dem „Anzapfen" aufzubewahren.

Eine weitere Form Ihr Bier zu lagern ist die Wiederverwendung von kleinen **Partyfässern** (5 Liter) aus Blech. Diese mit einem Durchstoßstück am oberen Boden dieser Dose versehenen kleinen Partyfässer werden gereinigt, das Durchstoßstück entnommen und anschließend mit Ihrem Bier wiederbefüllt. Sie benötigen für diese Blechdosen aber eigene Zapfgeräte, bei denen Luft in die Dose gepumpt wird oder mittels einer Kohlensäurepatrone ein Zapfen des Bieres möglich ist. Durch das Zapfen mit der Handpumpe wird aber immer die Bierhefe aufgewirbelt, wodurch Sie fast nie ein blankes Bier zapfen können.

Gleichgültig welche Form der Aufbewahrung Sie für Ihr Bier vorgesehen haben, ganz entscheidend ist eine **hygienisch einwandfreie Vorbehandlung** dieser Behälter. Wie schon öfters erwähnt ist die beste Reinigung für Flaschen und Fässer eine gründliche Reinigung mit **heißem Wasser** und anschließend ein ausgiebiges Spülen mit kaltem Wasser. Zumeist wird diese Form der Reinigung ausreichen um Ihr Bier ohne Qualitätsverlust einige Zeit zu lagern. Handelsübliche, zumeist **fetthaltige Haushalts**- und **Geschirrspülmittel,** sind für Bierflaschen, -dosen und -fässer abzulehnen, da das Fett Rückstände hinterlässt, die sich im Bier ablagern und zu einer Qualitätsbeeinträchtigung führen. Fett zerstört die Oberflächenspannung des Wassers und es kann sich daher kein ordentlicher Schaum am Bier bilden. Geeignet, um die Flaschen und Fässer zu reinigen, ist hingegen **Soda,** welches in heißem Wasser gelöst wird. Um mechanisch die Wirkung der Reinigung zu vergrößern bietet es sich an die Flaschen zusätzlich innen mit **Flaschenbürsten** zu reinigen.

Reinigen der Flaschen (Philipp Hlatky)

Das Abfüllen des Bieres erfolgt auf verschiedene Weise, mit entsprechenden Vor- und Nachteilen. Ohne größeren Aufwand erfolgt das Abfüllen des Bieres mit einem **Plastik**- oder **Gummischlauch**. Dabei wird das eine Ende des Schlauches vorsichtig in das Gefäß mit Bier gesteckt, am anderen Ende des Schlauches angesaugt und dieser in die Flasche gesteckt. Dann wird die Flasche bis ungefähr 3 cm unter den Verschluss gefüllt. Mittels einer **Schlauchklemme** wird die Bierzufuhr bei jeder Flasche genau reguliert. Für diese Form des Abfüllens ist es von Vorteil, wenn eine zweite Person Ihnen behilflich ist, indem diese Hilfsperson darauf achtet, dass das Ende des Schlauches immer unter dem Niveau des Bieres bleibt um einen kontinuierlichen Bierfluss sicherzustellen. Das Abfüllen des Bieres sollte auch nicht zu schnell erfolgen, damit durch zu große Schaumentwicklung nicht die gesamte im Bier enthaltene Kohlensäure entweicht.

Wesentlich einfacher und damit besser zu regulieren ist das Abfüllen wenn der Gärbehälter mit einem **Ablassventil** versehen ist. An diesem Ablassventil lässt sich einfach ein kleiner Gummischlauch anbringen, der bis zum Boden der zu befüllenden Flasche reicht. Das Abfüllen mittels eines solchen Ablassventils bietet zusätzlich den Vorteil, dass Sie alleine ohne fremde Hilfe Ihr Bier abfüllen können. Darüber hinaus lässt sich mit diesen Abfülleinrichtungen die Abfüllgeschwindigkeit besser regulieren und übermäßige Schaumentwicklung besser verhindern. Der Fachhandel bietet recht preisgünstig **Schlauchfüllsysteme** an, welche ein Befüllen der Flaschen mit Bier vom Boden der Bierflasche nach oben ermöglichen, was einem Entweichen der Kohlensäure vorbeugt.

In den Brauereien erfolgt das Abfüllen des Bieres heute in **geschlossenen Systemen** mit **Gegendruck**, damit keine Kohlensäure entweichen kann. Mit einigem Aufwand lassen sich zu Hause ähnliche Abfüllanlagen basteln, wobei aber der finanzielle und technische Aufwand in keinem Verhältnis zum damit erzielbaren Ergebnis steht.

Genauso wie Sie mit den Flaschen verfahren, erfolgt zu Hause das Abfüllen des Bieres in **wieder befüllbare Dosen** und Stahlfässer, welche gut gereinigt ebenfalls mittels Schlauch oder Ablassventil befüllt werden. Dabei erfolgt die Befüllung dieser Dosen durch die Öffnung an der Oberseite der Dose, welche mit einem Verschlusspfropfen aus Hartgummi wieder verschlossen wird.

Ganz ist es nicht zu verhindern, dass einige Tropfen Bier beim Abfüllen verschüttet werden. Durch das Unterstellen eines Auffanggefäßes lassen sich aber größere Verschmutzungen in den Arbeitsräumen leicht verhindern.

Flaschenetiketten

Wenn Sie mehrere verschiedene Biere aus unterschiedlichen Brauversuchen im Keller oder im Kühlschrank lagern, können Sie von außen leider nicht feststellen um welches Bier es sich dabei handelt. Um den richtigen Zeitpunkt der Verkostung Ihres Bieres bestimmen zu können, sollten Sie die Flaschen, Fässer und Dosen zumindest mit dem **Abfülldatum** kennzeichnen. Flaschenetiketten enthalten darüber hinaus aber noch viel mehr Informationen über das abgefüllte Bier. Stammwürzegehalt und Alkoholgehalt sowie Typenbezeichnung, Angaben über die Abfülldaten und die Haltbarkeit des Bieres ergänzen diese Daten auf den Flaschenetiketten. Gekaufte Biere erfüllen mit den Informationen auf den Flaschenetiketten noch

(Andrea Malek)

Diverse Bierflaschen (Philipp Hlatky)

weitere Funktionen wie Werbe- und Verkaufszwecke.

Angesichts der vielen Mühen, die Sie sich bis hierher mit der Erzeugung Ihres selbst gebrauten Bieres gemacht haben, sollten Sie nicht davor zurückschrecken, eigene Etiketten für Ihr Bier zu entwerfen! Wichtige Angaben, wie **Abfülltag** oder **Typenbezeichnung** gehören auf jeden Fall auf jedes Bieretikett.

Mit individuell gestalteten Flaschenetiketten haben Sie die Möglichkeit aus Ihrem selbst gebrauten Bier für Freunde und Bekannte ein ganz **persönliches Geschenk** zu machen!

Lagerung des fertigen Bieres

Das in Flaschen oder wieder befüllbare Dosen abgefüllte Bier ist zwar jetzt fertig und wird als **Jungbier** bezeichnet, muss aber noch einige Zeit zur **Nachreifung** und Lagerung im Lagerkeller nachreifen. Bei dieser Nachreifung, die bei Ihrem selbst gebrauten Bier in der Flasche erfolgt, wird das fertige Bier mit **Kohlensäure angereichert** und die Geschmackskomponenten des Bieres entwickeln sich dabei jetzt weiter. Einige Tage bleiben daher die Flaschen noch bei Gärtemperatur zur Nachreifung; bei obergärigen Bieren an einem warmen Ort. Bei untergärigen Bieren beträgt ja die Gärtemperatur 4–8° C, so dass diese Biere dann sofort kühl gelagert werden können. Der jetzt bei der Nachgärung in den Flaschen entstehende **Überdruck** kann nicht aus den Flaschen entweichen. Daher eignen sich Bügelverschlussflaschen besonders gut dazu, um durch kurzes Öffnen und sofortiges Wiederverschließen den eventuellen Überdruck entweichen zu lassen. Dosen und Flaschen, welche mit einem Kronenkorken bzw. einem Hartgummiverschlussstück verschlossen wurden, können jedoch in dieser Form nicht entlüftet werden; bei diesen muss daher der Zeitpunkt des Abfüllens vorher ganz exakt mit der Bierspindel bestimmt werden, damit sich noch genügend Kohlensäure bei der Nachgärung in der Flasche bilden kann.

In den ersten Tagen nach der Hauptgärung überprüft man den Druck in den abgefüllten Bierflaschen **täglich** um ein eventuelles **Zerbersten** der Bierflaschen durch den Überdruck der bei der Nachgärung entsteht zu verhindern. Lässt der Druck beim Öffnen der Flaschen nach – was man am Geräusch deutlich unterscheiden kann – beendet man das Entlüften der Bierflaschen. Ein gewisser **Restdruck** an Kohlensäure ist für die Haltbarkeit des Bieres unbedingt erforderlich. Sollte sich nach dem ersten Tag beim Öffnen der Flaschen zum erstmaligen Entlüften kein Überdruck gebildet haben, war die Gärung des Bieres bereits beendet, und es kann sich dann auch keine Kohlensäure mehr im abgefüllten Bier bilden. Ist dies der Fall siehe die Möglichkeit der Behebung dieses Braufehlers im Kapitel Braufehler auf Seite 116 ff.

Das jetzt durch die **Nachreifung** mit Kohlensäure angereicherte obergärig Bier wird nach einigen Tagen kühl gelagert. Es ist von Vorteil um die Nachgärung vollständig abzuschließen das Bier jetzt bei einer Temperatur von **2–4° C** zu lagern, wodurch die obergärige Hefe inaktiv wird. Aber Achtung Bier ist sehr licht- und auch temperaturempfindlich! Bier als nur leicht alkoholhältiges Getränk **gefriert** bereits bei einer Temperatur von **-2° C** und nach dem Auftauen sind gefrorene Biere zumeist trüb und haben einen unangenehmen Nachgeschmack, wenn nicht sogar beim Frieren die Flaschen zerspringen. Nicht zu verwechseln sind diese Lagerfehler mit den Eisbieren, bei denen das Ausfrieren jedoch (in der Brauerei) bewusst eingesetzt wird, um einen besonderen Geschmack und eine Erhöhung des Alkoholgehaltes zu erzielen. Abrupte Temperaturschwankungen schaden dem Bier, es ist daher von der Unsitte zu warmes Bier durch eine kurze Lagerung im Tiefkühlschrank rasch abzukühlen, abzuraten.

Lagern Sie Ihr Bier, sei es gekauft oder selbst gebraut, immer stehend in einem dunklen Raum bei 8° C. Diese **optimale Lagertemperatur** ist auch die beste Trinktemperatur für Bier, wobei stärkere Biere, wie beispielsweise Bockbiere oder Spezialbiere durchaus bei höheren Temperaturen getrunken werden können, da sich die Aromen bei etwas höheren Temperaturen besser entfalten; wohingegen Leichtbiere und alkoholreduzierte Biere wiederum kälter als 8° C serviert und konsumiert werden.

Obergärige Biere benötigen eine kürzere Nachreifzeit in der Flasche als untergärige Biere und sind nach **2 Wochen** bereits **trinkfertig**. Diese Biere sind aber nur beschränkt haltbar und sollten nach der Reifung innerhalb von 8–10 Wochen verbraucht werden. Je länger die Biere in der Flasche lagern, desto klarer werden diese, da sich die Hefebestandteile und Trübstoffe als **Bodensatz** am Boden der Flasche absetzen. Wenn das Bier beim Einschenken vorsichtig aus der Flasche in das Glas geleert wird, verbleibt dieser Bodensatz in der Flasche und das Bier im Glas ist herrlich klar. Nachdem Hefen aber lebende Organismen sind, sterben diese nach einiger Zeit ab und das kann dann zu Geschmacksbeeinträchtigungen beim Biergenuss führen. In der Brauerei werden diese Hefebestandteile aus dem Bier gefiltert und oft wird Bier zur besseren Lagerung noch durch Erhitzung über 78° C pasteurisiert. Aus einem lebenden Getränk (Lebens-Mittel) entsteht dabei aber ein völlig totes Getränk!

Untergärige Biere sind theoretisch länger haltbar, doch gilt auch für diese Hefen das oben Gesagte. Hefe stirbt ab und das kann in der Folge zu Geschmacksbeeinträchtigungen führen. Untergärige Biere entwickeln ihre vollen Aromen erst nach einer etwas längeren Lagerzeit, sind dann jedoch über einen längeren Zeitraum lagerfähig.

Diese zeitlichen Lagerangaben sind nur ungefähre Richtwerte. „Vergessene" Flaschen von Selbstgebrautem hatten nach einem Jahr noch tolle Geschmackskomponenten zu bieten, wobei diese Biere durch die lange Lagerung völlig blank waren, da der Bodensatz in der Flasche stark verfestigt war.

Brauprotokoll

Wie in diesem Buch bereits mehrfach erwähnt, sollten Sie von einigen Arbeitsschritten und Arbeitsabläufen Aufzeichnungen in Form eines **Brauprotokolls** machen, einerseits um aufgetretene Fehler erkennen und in Zukunft vermeiden zu können, andererseits um ein besonders gelungenes Bier möglichst exakt wieder nachbrauen zu können. Die Brauereien sind darüber hinaus auf Grund steuerlicher Vorschriften angehalten Aufzeichnungen zu führen, da ja die Stammwürze und der Ausstoß Basis für die Entrichtung der mengen- und stärkeabhängigen Biersteuer sind. Das Brauprotokoll dient zur **Nachkalkulation** und zur Ermittlung des **Ausbeutegrades** beim Brauen und ist damit ein wichtiges Kontrollinstrument um Rationalisierungseffekte in den Brauereien zu erkennen. Auf Seite 108 sehen Sie ein solches Brauprotokoll einer kleinen Brauerei, in welches der zuständige Braumeister seine Aufzeichnungen einzutragen hat.

Für das Brauen zu Hause sind so detaillierte Angaben zumeist nicht erforderlich, jedoch sollten auch Sie sich von jedem einzelnen Sud Aufzeichnungen machen um **Fehler** eindeutig zuordnen und **Verbesserungen** im Ablauf beim Brauen zu Hause durchführen zu können.

Folgende Angaben sollten Ihre Aufzeichnungen in Ihrem Brauprotokoll jedenfalls unbedingt enthalten:

- ❐ Datum des Brauens.
- ❐ Menge des verwendeten Malzes (Schüttung), die Bezeichnung der Malzsorte und die jeweilige Mischung.
- ❐ Menge des Brauwassers beim Einmaischen.
- ❐ Die Einmaischtemperatur und die Rastzeiten.
- ❐ 1. Verzuckerungsrast (Eiweißrast) mit der Rastzeit, Ergebnis der Jodprobe nach der Rast.
- ❐ 2. Verzuckerungsrast mit der Rastzeit, Ergebnis der Jodprobe vor und nach der Rastzeit.
- ❐ Nachguss, d.h. die Wassermenge zum Nachschwemmen des Trebers.
- ❐ Menge der Hopfenbeigabe, Sorte und Anzahl der Hopfengaben.
- ❐ Kochzeit der Würze.
- ❐ Menge der Hefebeigabe, Art der Hefe und Temperatur bei der Hefebeigabe.
- ❐ Zeitpunkt der Hefebeigabe.
- ❐ Stammwürze bei der Hefebeigabe.
- ❐ Beginn der Hauptgärung (Bläschenbildung).
- ❐ Dauer der Hauptgärung.
- ❐ Abfülldatum.
- ❐ Dauer der Nachgärung in der Flasche.
- ❐ Beginn der Lagerung im Kühlschrank.
- ❐ Raum für besondere Bemerkungen oder Beobachtungen.

Genauso wie Sie Ihr Bier durch eigene Etiketten kennzeichnen sollten, damit es zu keinen Verwechslungen kommt, sollten Sie sich zu jedem Bier ein Brauprotokoll erstellen, bzw. durch Fotokopien eigene Brauprotokolle entwerfen.

Sudbericht

Sudnr. ______ **Datum:** ______

Sorte	**M**	**SP**	**P**	**B**

	kg	hl	°C	min	Uhrzeit	%
Malz: Stamag						
Koch						
Hopfen: 1. Gabe						
2. Gabe						
3. Gabe						
Milchsäure						
Gips						
Einmaischen						
ph						
aufheizen auf						
Rast						
Bottich						
aufheizen auf						
Rast						
aufheizen auf						
Kochen						
zubrühen auf						
Läuterrast						
Vorderwürze						
1. Nachguss						
2. Nachguss						
3. Nachguss						
Glattwasser						
Pfanne voll um						
Kochbeginn um						
Kochen						
Ausschlagen um						
ph						

Bemerkungen:

Biersieder: ______

Verkosten des fertigen Bieres

Wenn Sie bis hierher gelangt sind, steht Ihnen nunmehr der Höhepunkt bei Ihrem Brauen zu Hause bevor: das **erstmalige Verkosten Ihres eigenen Bieres.** Genießen Sie diese Augenblicke und sorgen Sie dafür, dass alles unter optimalen Bedingungen ablaufen kann. Über die optimale Trinktemperatur von 8° C haben wir im vorigen Kapitel bereits kurz berichtet. Aber nicht nur die richtige Temperatur ist für den Biergenuss ausschlaggebend, es gibt noch andere Faktoren, die zu berücksichtigen sind. Schon der Anblick eines gut gezapften Bieres lässt einem das Wasser im Mund zusammenlaufen. Wir genießen Bier ja nicht nur mit unseren Geschmacksnerven, sondern mit **allen unseren Sinnen**. Schon das Öffnen der Flasche gibt uns akustisch Auskunft, ob sich genügend Kohlensäure in der Flasche gebildet hat. Über den Geruch des eingeschenkten Bieres können wir Rückschlüsse auf die Qualität des Bieres ziehen und ein Bier mit einer schönen Schaumhaube erfreut unser Herz. Mit unseren Geschmacksnerven überprüfen wir dann den Geschmack des Bieres und können **Qualitätsvergleiche** mit gekauften Bieren, oder mit Bieren aus anderen eigenen Brauversuchen ziehen.

Nachdem sich bei Ihrem selbst gebrauten Bier ein **deutlicher Bodensatz** in der Flasche gebildet hat, ist beim Einschenken einige Vorsicht angebracht, damit nicht die gesamte Hefe und andere Trübstoffe in das Glas fließen. Wenn das Bier lange genug kühl gelagert wurde, ist das Bier ziemlich klar und von der Durchsichtigkeit durchaus mit gekauften Bieren zu vergleichen. Selbstverständlich können Sie durch Schütteln der Flasche diese Hefebestandteile wie in einem *Zwicklbie*r aufwirbeln und in das Bierglas fließen lassen. Viele Brauereien bieten gerade solche ungefilterten *Zwicklbiere* in letzter Zeit als besondere Spezialitätenbiere an; *Weizenbier* wird unter der Bezeichnung Hefeweizen hefetrüb, d.h. ungefiltert angeboten.

Auch sollten Sie aus der Vielzahl verschiedener **Biergläser** ein Ihnen besonders zusagendes Glas auswählen, in dem Sie Ihr Bier verkosten wollen. Es gibt ja für die einzelnen Biersorten unterschiedlichste Gläser, von Biertulpen für *Pilsbiere*, die den Schaum besonders gut halten, über hohe, oben breitere Weizenbiergläser, bis hin zu den kleinen Altbiergläsern. Beachten sollten Sie, dass Biergläser nicht unbedingt mit fetthaltigen Geschirrspülmitteln gereinigt werden sollten und es sollte aus diesen Gläsern auch keine fetthaltigen Flüssigkeiten wie beispielsweise Milch getrunken werden, da die Fettrückstände im Glas die Oberflächenspannung des Bieres zerstören und sich dann keine optimale Schaumkrone am Bier bilden kann. Sie haben sicherlich schon beobachtet, dass gute Wirte die Biergläser vor dem Zapfen noch einmal gründlich mit kaltem Wasser ausspülen um die letzten Reste der Reinigungsmittel aus den Gläsern zu entfernen. Die Gastronomie verwendet zum Reinigen der Biergläser spezielle Reinigungsmittel, die keine fetthaltigen Rückstände hinterlassen.

(Deutscher Brauer Bund)

Für Ihre Gläser zu Hause wird es zumeist ausreichen diese mit heißem Wasser zu reinigen und dann mit kaltem Wasser gründlich zu spülen. Stellen Sie anschließend die gereinigten Gläser mit der Öffnung nach unten auf ein Geschirrtuch zum Abrinnen und lassen diese Trocknen.

Um ein möglichst objektives Urteil über Ihr selbst gebrautes Bier zu erhalten, sollten nicht nur Sie alleine die **Verkostung** vornehmen, sondern bitten Sie Ihre Freunde und Bekannte zur Verkostung und ersuchen Sie diese um eine ehrliche Stellungnahme. Ein Vergleich, eventuell in Form eines **Blindversuches** mit gekauftem Bier, erleichtert sicherlich die Beurteilung Ihres Selbstgebrauten. Gerade diese Vergleiche schärfen Ihre Sinne um durch leichte Variationen bei den Zutaten bewusst Geschmacksveränderungen bei Ihrem Bier herbeizuführen. Seien Sie ruhig kritisch bei der Beurteilung Ihres Bieres, aber lassen Sie sich durch ungerechtfertigte, unqualifizierte Kritik nicht entmutigen. Es gibt nicht DAS Bier, vielmehr sollten Sie versuchen ein Bier zu brauen, dass Ihren **ganz persönlichen Vorstellungen entspricht** und das Ihnen schmeckt. Geschmäcker sind ja bekanntlich verschieden!

In der Tabelle auf Seite 112 finden Sie als kleine **Zapfkunde** noch einmal kurz dargestellt, wie Bier aus der Flasche bzw. aus dem Fass richtig gezapft bzw. eingeschenkt wird. Der Kult, der von einigen selbst ernannten Bierpäpsten mit der Dauer eines richtig gezapften Bieres (*Pils*) getrieben wird, ist sicherlich übertrieben, andererseits ist ein Bier, dass eine Minute nach der erfolgten Bestellung bereits auf dem Wirtshaustisch landet und bei dem der Schaum bereits nach dem ersten Schluck wieder in sich zusammenfällt auch nicht ordentlich gezapft. Die Wahrheit liegt – wie bei so vielen Dingen – in der Mitte: ein gut gezapftes Bier kann ruhig **3–4 Minuten** benötigen. Dass *Pilsbier* unbedingt 7 Minuten gezapft werden muss, entbehrt hingegen jeder sachlichen Begründung, vielmehr entweicht bei dieser langen Zapfzeit bereits sehr viel der erfrischenden Kohlensäure und das Bier kann dann bereits recht schal schmecken!

Mit Bierkultur zum Biergenuss

Einschenkregeln aus dem Fass

1. Das saubere Glas gründlich mit kaltem Wasser ausspülen.
2. Das Bierglas grundsätzlich beim Einschenken aus dem Fass leicht schräg halten.
3. Zuerst das Glas zu einem Drittel voll einschenken und das Bier absetzen lassen, bis der Schaum eine kompakte Form angenommen hat.
4. Jetzt voll schenken und warten, bis der Schaumring kompakt ist.
5. Zum Schluss den dritten Schaumring aufsetzen, der erst zur richtigen Haube führt.
6. Dieser Einschenkvorgang kann bis etwa 3 Minuten dauern.

Einschenkregeln aus der Flasche

1. Das saubere Glas gründlich mit kaltem Wasser ausspülen.
2. Das Bierglas wird beim Einschenken aus der Flasche kerzengerade gehalten, die Flasche im rechten Winkel dazu.
3. Das Bier wird in die Mitte des Glases gegossen, bis sich eine schöne Schaumkrone bildet.
4. Warten, bis sich der Schaum gesetzt hat, und durch Nachschenken eine „Haube“ aufsetzen.
5. Der Einschenkvorgang dauert 2–3 Minuten.

Bier ist mehr als ein Durstlöscher

Jahrhundertelang wurde Bier als Naturheilmittel und als Trägermedium für Arzneien und Heilkräuter vor allem in der Volksmedizin eingesetzt. Mit dem Aufkommen der modernen Heilmittel geriet dieses tradierte Wissen in Vergessenheit und Bier war nur mehr ein erfrischendes Genussmittel. Kaum ein Nahrungsmittel – und als solches muss Bier wohl auch bezeichnet werden – hat in den letzten Jahren einen derartigen Rufwandel erlebt wie das Bier. Es wurde zum hochinteressanten Forschungsschwerpunkt der Medizin mit mehr als 3000 wissenschaftlichen Publikationen zu verschiedenen gesundheitlichen Aspekten und den gesundheitsfördernden Wirkungen eines **mäßigen Biergenusses**. Nicht verschwiegen werden soll, dass bei übermäßigem Biergenuss die negativen Begleiterscheinungen des Alkohols die erwünschten, positiven Wirkungen wieder ins Gegenteil kehren. Unabhängig vom Alkoholgehalt enthalten Biere mit niedrigem Alkoholgehalt und alkoholfreie Biere diese gesundheitsfördernden Inhaltsstoffe.

Positive Wirkungen sind bei Nierensteinen, Herz-Kreislauferkrankungen und gegen Arteriosklerose und Osteoporose – zwei typischen Zivilisationskrankheiten der westlichen Welt – wissenschaftlich belegbar. Sehr viel versprechend sind die Testergebnisse der Inhaltsstoffe des Hopfens in der Behandlung von Krebserkrankungen. Darüber hinaus decken die Vitamine und Spurenelemente im Bier – vor allem aus dem Malz und der Bierhefe – bei den Vitaminen des B-Komplexes – rund die Hälfte des Tagesbedarfes und leisten damit einen wichtigen Beitrag zu einer ausgeglichenen Ernährung.

Dass Marathonläufer und andere Ausdauersportler die isotonische Wirkung des Bieres schätzen und Bier daher vielen Power- und Isodrinks vorziehen, ist allgemein bekannt.

Bier auf Krankenschein wird zwar auch in Zukunft ein Wunschdenken vieler Bierliebhaber am Stammtisch bleiben, als relativ nebenwirkungsfreies Getränk mit positiven medizinischen Wirkungen – bei mäßigem Genuss – kann man es jedoch auf jeden Fall bezeichnen.

Bier wirkt zum einen positiv, zum anderen enthält es aber natürlich auch Alkohol, wenn auch wenig im Vergleich zu anderen alkoholhältigen Getränken wie Wein oder gar Schnaps. Wie schon Paracelsus im Mittelalter festgestellt hat, entscheidet

Bier das optimale Fitnessgetränk

die Dosis über Gift oder Nicht-Gift. Bier als **Genussmittel** regt die **Herz-Kreislauffunktion** an, fördert die **Verdauung**, wirkt sich positiv auf die **Durchblutung** aus und schwemmt beim **Ausscheiden** über die Nieren viele Schadstoffe aus dem Körper. Maßvoll genossen, wirkt Bier entspannend und steigert das allgemeine Wohlbefinden.

Untersuchungen an Sportlern, die ihren Körper ausdauernd belasten, haben gezeigt, dass Bier nicht nur rasch verlorene Flüssigkeit ersetzen kann, sondern auch **leistungsteigernde** Mineralsalze und Spurenelemente liefert. Bier wirkt wie ein **Elektrolytgetränk.** Die Konzentrations- und Leistungsfähigkeit konnte bei Ausdauersportlern durch mäßigen und kontrollierten Bierkonsum ebenfalls gesteigert werden.

Klinische Untersuchungen haben die positiven Auswirkungen des Bierkonsums auf die **Milchproduktion** stillender Mütter nachgewiesen, ohne dass durch den (geringen) Alkoholgehalt schädliche Nebenwirkungen auftreten. **Schwangeren** wird zur Ergänzung der Nahrung mit Mineralsalzen und Kalzium, Phosphor und Magnesium empfohlen, in den letzten Wochen der Schwangerschaft Bier zu trinken.

Die Nahrhaftigkeit des Bieres wird zumeist maßlos überschätzt. Es wirkt Appetit anregend, weshalb nach dem Biergenuss mehr feste Nahrung aufgenommen wird. Das führt in der Folge dann zu Gewichtszunahme. Bier an sich ist kein „flüssiges Brot“ oder gar eine „Kalorienbombe“. Bier wirkt entwässernd, ist besonders natriumarm und enthält kein Cholesterin. Es eignet sich deshalb besonders für Personen, die mit einer kochsalzarmen Kost ihren Blutdruck senken wollen.

Bier hat wenig Kalorien

Wussten Sie, dass Bier
weniger Kalorien enthält . . .

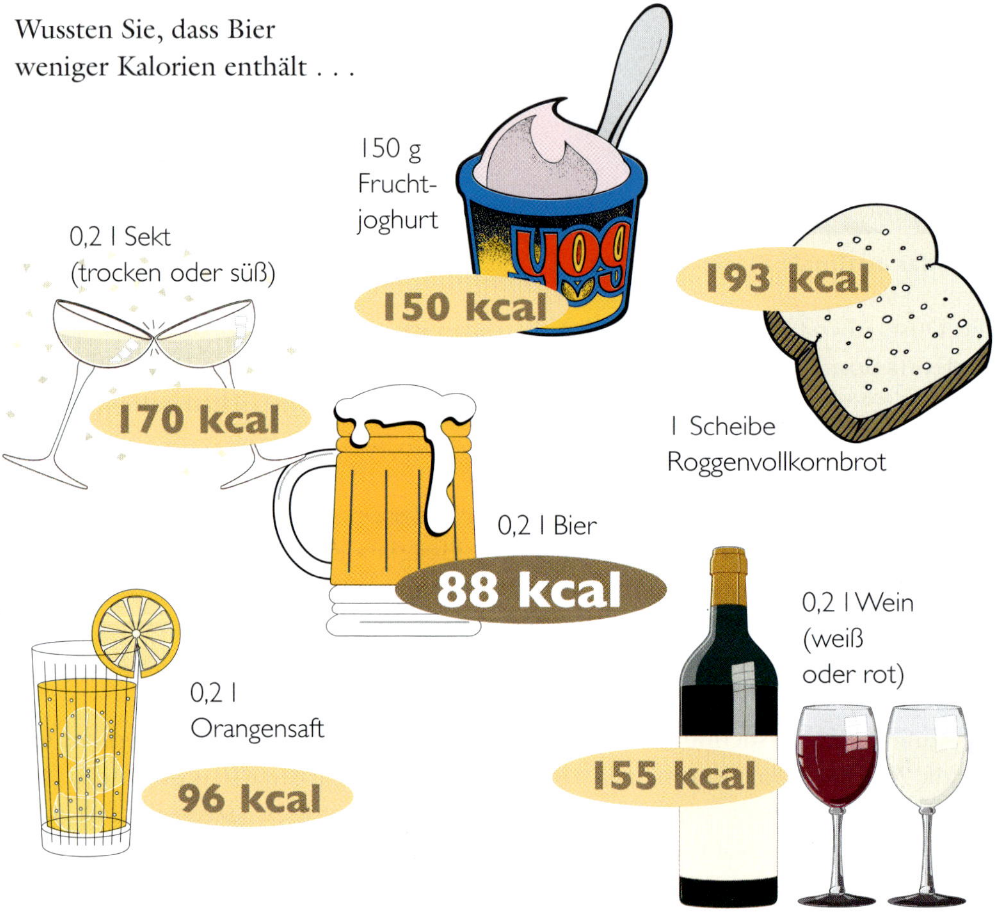

(Andrea Malek)

Braufehler

Auch bei größter Sorgfalt und unter Einhaltung der zu Hause möglichen hygienischen Auflagen, kann es vorkommen, dass Ihr Bier nicht das von Ihnen erwartete Ergebnis zeigt. Wie bereits im Kapitel Brauprotokoll ausgeführt ist es daher unbedingt notwendig Aufzeichnungen zu führen, um diese Braufehler erkennen und bei den nächsten Brauversuchen tunlichst zu vermeiden.

Selbstverständlich ist die Liste der möglichen Braufehler **nicht vollständig** und es können noch wesentlich mehr Ursachen für Brau- und Gärfehler auftreten. Die hier kurz beschriebenen Fehler sind die am häufigsten auftretenden Probleme beim Brauen zu Hause, wobei aber nur ein Teil dieser Fehler mit den Ihnen zur Verfügung stehenden Mitteln zu Hause behoben werden kann. Es sollte daher für Sie immer der Grundsatz gelten: **Vorbeugen ist besser als Heilen!**

Oberster Grundsatz beim Brauen sowohl zu Hause wie in einer Brauerei ist das peinlichst genaue Einhalten der hygienischen Voraussetzungen, das Verwenden möglichst frischer Zutaten und das exakte Einhalten der Rastzeiten bei den angegebenen Temperaturen.

Mit diesem Kapitel möchten wir Ihnen eine **Hilfestellung** geben, wie Sie Ihr Bier, in dessen Herstellung Sie so viel Zeit und Mühe investiert haben, noch retten können, sollte doch einmal etwas schief gelaufen sein. Es darf aber nicht der Eindruck entstehen, dass ständig Probleme beim Bierbrauen zu Hause auftreten. Einige dieser Tricks entsprechen nicht immer den strengen Bestimmungen des *Deutschen Reinheitsgebotes*, auf keinen Fall geben wir Ihnen aber Ratschläge zur Verwendung gesundheitsschädlicher Substanzen oder gar Hinweise auf den Einsatz von **giftigen Chemikalien**. Auch die Brauereien bedienen sich dieser mehr oder weniger zulässigen Tricks um bei aufgetretenen Problemen beim Brauen Ihr Bier zu retten, wobei diese jedoch über das hierfür nötige chemische Fachwissen verfügen um mit chemischen Substanzen fachgerecht umgehen zu können.

Viele Brau- bzw. Gärfehler können nicht nur eine Ursache haben, vielmehr treten verschiedene Möglichkeiten und Kombinationen dieser Fehler auf, die Sie anhand Ihrer Aufzeichnungen in Ihrem Brauprotokoll genau zuordnen und ausschließen sollten.

Das Bier gärt nicht

Einer der häufig auftretenden Gärfehler ist, dass das abgekühlte Bier nicht zu gären beginnt. Die Gärung müsste bei normalem Gärverlauf in einem Zeitraum von **12–24 Stunden** beginnen, erkennbar an der Bildung einer **weißen Bläschenschicht** an der Oberfläche der Gärflüssigkeit. Setzt diese Gärung nach dieser Zeit nicht ein, kann das mehrere Ursachen haben:

- Das **Malz** war nicht mehr in Ordnung und es konnte sich beim Maischen kein vergärbarer Malzzucker bilden.
- Haben Sie die **Jodprobe** gemacht?
- Wie war das Ergebnis?
- Welchen Wert ergab die Bestimmung der **Stammwürze?**
- Schmeckt die Würze süßlich?
- Haben Sie die angegebenen **Rastzeiten** zur Bildung von Malzzucker eingehalten?

Hat sich kein Malzzucker gebildet, war die Jodprobe negativ und zeigt die Bestimmung der Stammwürze an, dass sich kein Malzzucker gebildet hat, kann sich dann auch kein Bier bei der Vergärung bilden. Diese **Würze ist zum Vergären ungeeignet** und kann nur entsorgt werden!

- Die Hefe war nicht mehr **aktiv.** Entweder war die Hefe bereits **zu alt** oder unsachgemäß gelagert, oder wurde der noch zu heißen Würze beigegeben und damit **abgetötet.**
- Ist der Stammwürzegehalt zu hoch (über 16° Stammwürze), kann es auch zu einem **Hefeschock** und damit zu einer Inaktivität der Hefe kommen.

Haben Sie noch die gleiche Hefe zu Hause, können Sie diese auf Ihre **Gärfähigkeit** überprüfen, indem diese in Fruchtsaft oder Zuckerwasser aufgelöst wird. Nach einiger Zeit müssten sich Bläschen an der Oberfläche bilden. Diese Hefe können Sie für das Vergären verwenden, wenn es nur an der Hefe liegen sollte. Steht die Würze schon einige Zeit ohne zu gären zu beginnen, empfiehlt es sich die Würze vor der neuerlichen Beigabe frischer Hefe noch einmal zum Kochen zu bringen und damit noch einmal zu sterilisieren.

- Befinden sich zu viele Trübstoffe in der Würze, kann es zu einer Unterdrückung der Gärung oder zu Schmiergärungen kommen.
- Durch nochmaliges Filtern der Würze über eine frische Stoffwindel und durch Beigabe von frischer Hefe kann man diese Würze zum Gären bringen. Auch hier empfiehlt es sich vor der Beigabe frischer Hefe die Würze durch Kochen noch einmal zu sterilisieren.

Durch unsauberes Arbeiten können **Infektionen** in der Würze entstehen, welche die Gärung unterdrücken oder behindern.

Durch nochmaliges **Aufkochen** der Würze wird diese noch einmal sterilisiert und durch die Beigabe **frischer Hefe** kann wieder eine ordentliche Gärung einsetzen.

Das fertige Bier schmeckt bitter

- Die Ursache für zu bitteres Bier ist zumeist die Verwendung von zu **viel** oder zu **intensivem Hopfen**.
  Gerade Hopfenpellets und flüssiges Hopfenextrakt sind beinahe doppelt so intensiv wie der getrocknete Naturhopfen. Verwenden Sie bei Ihren nächsten Brauversuchen weniger Hopfen und machen Sie sich entsprechende Aufzeichnungen im Brauprotokoll. Eine weitere Ursache für bitteres Bier kann zu hartes Wasser sein. Bei **hartem Wasser** braucht man bei gleichem Ergebnis deutlich weniger Hopfen als bei weichem Wasser.

Durch **Verschneiden** mit gekauftem Bier – im Verhältnis 1:1 – können Sie zu bitteres Bier genießbar machen. Eine weitere Möglichkeit ist die Verwendung dieses Bieres zum Mischen mit Fruchtsäften oder Zitronenlimonade in Form eines **„Radlers“.**

Das fertige Bier schmeckt zu malzig

- Haben Sie **zu wenig Hopfen** beigegeben, schmeckt dann das fertige Bier eher malzig. Durch das **Verschneiden** mit gekauftem Bier können Sie auch dieses Bier trinkbar machen.

Eine weitere Möglichkeit zu malziges Bier im Nachhinein mit Hopfen anzureichern ist die **Beigabe von Flüssighopfen**, entweder in die Flasche oder einige Tropfen in das fertige Bier. Vorsicht, flüssiger Hopfen ist sehr intensiv!

Das fertige Bier schmeckt sauer

- Eine der häufigsten Fehler bei der Vergärung von Bier ist, dass das fertige Bier **sauer** schmeckt. Die Ursache dafür ist zumeist, dass sich **Milchsäurebakterien** – oder eher selten – **Essigsäurebakterien** gegenüber den Reinzuchthefen, die Sie der Würze beigegeben haben, durchgesetzt haben. Auch in der Raumluft enthaltene **„wilden Hefen"** können sich sehr oft gegenüber diesen Reinzuchthefen behaupten. Ursache und Auslöser für die Verunreinigung mit diesen wilden Hefen und Bakterien können verunreinigte Gärgeräte und Gefäße sein. Achten Sie daher immer auf hygienisch einwandfreie Bedingungen.

Beheben können Sie den Fehler **„saures Bier"** nicht mehr, das fertige Bier ist damit **verdorben**. Merken Sie, dass Ihr Bier leicht sauer schmeckt, können Sie durch Mischen mit Fruchtsaft eine *Berliner Weiße* „herstellen". Auch durch Mischen mit Zitronenlimonade lassen sich diese Geschmacksbeeinträchtigungen überdecken und dieses Bier zumindest für den Genuss tauglich machen. Saures Bier ist nicht gesundheitsschädlich! Durch Beigabe einer *Essigmutter* (Auslöser der Umwandlung von Alkohol in Essig) können Sie bewusst **Bieressig** aus diesem sauren Bier erzeugen.

Das Bier enthält zu wenig, oder keine Kohlensäure

- Die natürliche Kohlensäure gibt dem Bier seinen **erfrischenden, spritzigen** Geschmack. Fehlt diese natürliche Kohlensäure, schmeckt das Bier wenig erfrischend und schal. Es gibt mehrere Ursachen und Zeitpunkte während des Brauprozesses, bei dem die Kohlensäure aus dem Bier entwichen sein kann:

Neben den unten angeführten Maßnahmen haben Sie die Möglichkeit dieses Bier ohne Kohlensäure, durch das **Mischen** (Verschneiden) mit gekauftem Bier trinkbar zu machen.

- Die Kohlensäure ist durch zu **schnelles** Abfüllen in die Flaschen aus dem Bier entwichen. Durch vorsichtiges Abfüllen in die Flaschen kann dieser Fehler in Zukunft vermieden werden. Führen Sie einen Schlauch bis zum Boden der Bierflasche und befüllen Sie das Bier vom Flaschenboden nach oben.
- Die Hauptgärung war bereits **abgeschlossen**, daher konnte sich bei der Nachgärung in der Flasche keine natürliche Kohlensäure mehr bilden.
  Wenn Sie merken, dass sich bei der Nachgärung in der Flasche **keine Kohlensäure** mehr bildet, haben Sie die Möglichkeit durch die Beigabe von einem Teelöffel **Zucker** pro Flasche und durch eine Nachgärung in der Flasche eine Anreicherung des Bieres mit Kohlensäure zu erreichen. Diese **Zuckerbeigabe** entspricht natürlich nicht den strengen Bestimmungen des *Deutschen Reinheitsgebotes*, jedoch können Sie damit Ihr Bier mit Kohlensäure anreichern, und das ist das Wichtigste. Sie müssen dann diese Flaschen noch 1–2 Tage bei Gärtemperatur lagern; bei obergärigen Bieren 15–20° C und bei untergärigen Bieren 4–8° C.
  Größere Flaschen benötigen mehr Zucker, kleinere weniger als einen Teelöffel. Beim Abfüllen des fertigen Bieres gelangten zu **wenige Hefen** in die Flaschen um eine ordentliche Nachgärung zu bewirken.
- Durch Beigabe von in Wasser frisch gequollener oder flüssiger Hefe kann eine Nachgärung in der Flasche gestartet werden. Eventuell auch eine Beigabe von Zucker wie oben angegeben.
- Die **Gummidichtungen** Ihrer Bügelverschlussflaschen sind bereits verbraucht, dadurch konnte die Kohlensäure entweichen oder der **Draht** des Verschlusses erzeugt zu wenig Druck um ein ordentliches Schließen der Flasche zu erreichen.
  Neue Gummidichtungen können dieses Problem lösen. Durch **Nachbiegen** der **Drahtbügel** der Flaschen kann man den Druck auf die Flaschenöffnung verstärken und damit ein Entweichen der Kohlensäure verhindern.

Zu viel Kohlensäure im Bier

Zu viel Kohlensäure im Bier kann sich dadurch bilden, dass die **Hauptgärung des Bieres** noch nicht abgeschlossen war und die anschließende Nachgärung in der Flasche einen sehr großen Überdruck erzeugt. Hier besteht die Gefahr, dass der große Druck zum **Zerbersten** der Flasche führen kann. Diese Flaschen sind richtig gehende Bomben, die Menschen durch **herumfliegende Splitter** gefährlich werden können!

- Wenn Sie beim **Entlüften** der Bierflaschen bemerken, dass der **Druck** in der Flasche zu groß ist, bedeutet das, dass zumeist die Hauptgärung **noch nicht abgeschlossen** war und das Bier in der Flasche nachgärt, mit entsprechendem Überdruck. Auch durch Verunreinigung der Flaschen können sich starke Gärungen in der Flasche bilden.

Durch vorsichtiges **Öffnen** und sofortiges Schließen der Bügelverschlussflaschen kann man diesen Überdruck **entweichen** lassen. Vorsicht beim Öffnen der Flaschen, dass Ihnen das Bier nicht ins Gesicht spritzt! Das Entlüften solcher Flaschen sollte am Anfang – wenn der Überdruck am größten ist – **mehrmals** täglich erfolgen. Wenn der Druck nachlässt, erfolgt die Entlüftung nur mehr täglich oder alle zwei Tage. Ein gewisser Druck sollte sich aber auf jeden Fall noch in der Flasche bilden können, einerseits damit das Bier mit Kohlensäure angereichert wird, andererseits wirkt die Kohlensäure konservierend damit das Bier nicht verdirbt.

Sonstige Fehler beim Bier

Die hier beschriebenen Fehler sind nur die **häufigst** auftretenden Fehler. Selbstverständlich gibt es noch **viele andere Fehler** und Kombinationen von Brau- und Gärfehlern, welche hier aufzuzählen den Rahmen dieses Buches sprengen würde.

Zusammenfassend kann gesagt werden, dass beim Brauen zu Hause die meisten Fehler durch **mangelnde Hygiene, schlechtes Malz und schlechte Brauhefen entstehen**, wobei nur ein kleiner Teil dieser Fehlerfaktoren von Ihnen beeinflusst und verändert werden kann. Es ist natürlich schlimm, wenn das Ergebnis Ihrer stundenlangen Braubemühungen durch diese Umfeldeinflüsse gestört oder gar völlig zunichte gemacht wird, andererseits treten diese Fehler gücklicherweise nicht immer auf und man lernt aus diesen Fehlern.

Biere nach dem Reinheitsgebot

Malzextraktbier (obergäriges Bier)

für 15 L Bier	
1 L	**Flüssigmalz**
15 L	**Wasser**
40 g	**Hopfen (Pellets)**
Trockenhefe oder Flüssighefe (obergärig)	

Bei diesem Rezept verwenden Sie Flüssigmalz, das Sie in Blechdosen oder Glasbehältern erhalten. Sie ersparen sich hiermit den gesamten Maischvorgang und das Läutern. Auch die Jodprobe entfällt, da das Malz bereits verzuckert ist.

Sie bringen das Brauwasser, in dem Sie das Flüssigmalz unter kräftigem Rühren auflösen, zum Kochen. Anschließend geben Sie die angeführte Hopfenmenge bei und kochen die Würze 1 1/2 Stunden lang. Dann filtern, rasch abkühlen und die Brauhefe beigeben.
Zeitbedarf 2–3 Stunden.

Der Vorteil dieses Rezeptes liegt in seiner einfachen Durchführung und dem geringen Zeitaufwand. Ihr Ehrgeiz wird Sie gewiss dazu bringen, nach diesem ersten Rezept zum „echten" Bierbrauen überzugehen!

Weizenbock (obergäriges Bier)

für 10 L Bier	
1,5 kg	**helles Malz** (Münchner)
1,5 kg	**Weizenmalz**
20 g	**Hopfen (Pellets)**
8 L	**Wasser**
Nachguss 8 L Wasser	
Trockenhefe oder Flüssighefe (obergärig)	

für 20 L Bier	
3 kg	**helles Malz**
3 kg	**Weizenmalz**
40 g	**Hopfen (Pellets)**
14 L	**Wasser**
Nachguss 12–14 L Wasser	
Trockenhefe oder Flüssighefe (obergärig)	

Einmaischen bei 40° C.
Eiweißrast bei 55° C (15 min.)
Erwärmen auf 65° C,
40 min. Verzuckerungsrast (Jodprobe!)
Erwärmen auf 72° C,
30 min. Endverzuckerungsrast (Jodprobe!)
Erwärmen auf 78° C,
30 min. Rast, danach abläutern.
Der Restzucker der Maische wird mit 78° C warmen Wasser ausgewaschen.

Diese Bierspezialität ist wegen ihres höheren Alkoholgehalts ein Bier für festliche Anlässe!

Stammwürzegehalt ca. 16%.
Lagerzeit 1–3 Wochen.

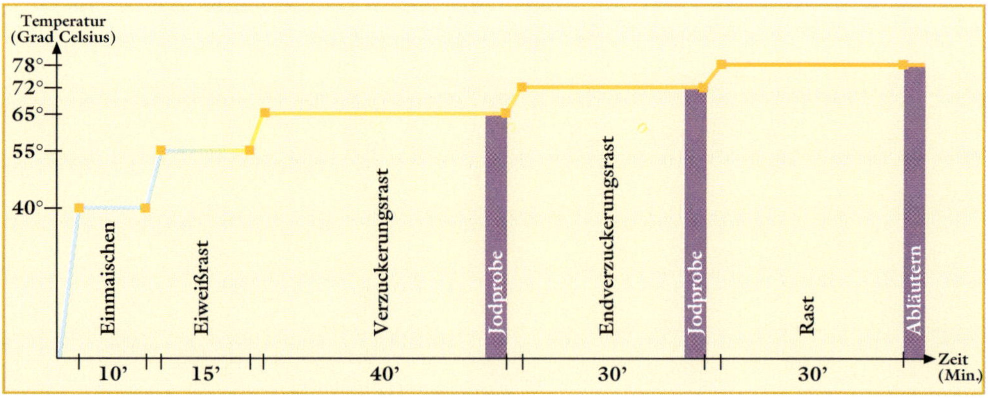

Pils (untergäriges Bier)

für 10 L Bier	
2,3 kg	**helles Malz**
25 g	**Hopfen (Pellets)**
8 L	**Wasser**
Nachguss 4–6 L Wasser	
Trockenhefe oder Flüssighefe (untergärig)	

für 20 L Bier	
4,5 kg	**helles Malz**
50 g	**Hopfen (Pellets)**
14 L	**Wasser**
Nachguss 6–8 L Wasser	
Trockenhefe oder Flüssighefe (untergärig)	

Einmaischen bei 35° C.
Eiweißrast bei 55° C (10 min.)
Erwärmen auf 65° C, 30 min.
Verzuckerungsrast (Jodprobe!)
Erwärmen auf 72° C,
30 min. Endverzuckerungsrast (Jodprobe!)
Erwäremen auf 78° C,
30 min. Rast, danach abläutern.
Der Restzucker wird mit 78° C warmem Wasser ausgewaschen.

Ein Bier mit hopfiger, herber Note.

Stammwürzegehalt mindestens 12 %.
Lagerzeit 4–5 Wochen.

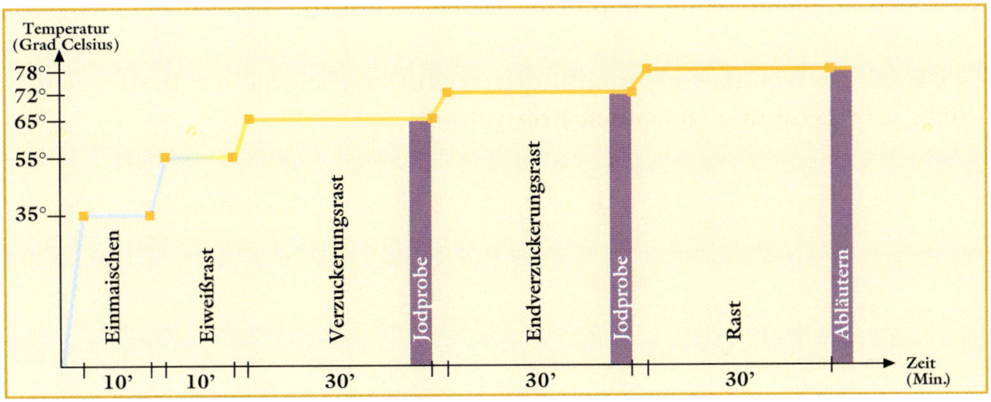

Bierspezialitäten in Europa

In diesem Teil des Buches haben wir uns bemüht **regionaltypische Biere** auszuwählen, welchen den Charakter und die Bierkultur des jeweiligen Landes widerspiegeln. Daneben geben wir Ihnen auch einen kurzen Überblick über die **Biertradition** des jeweiligen Landes mit Kuriositäten, ohne aber den Anspruch auf Vollständigkeit erheben zu wollen.

Alle Biere werden in der Rezeptbeschreibung mit dem **Infusionsverfahren**, als dem für das Brauen zu Hause einfachsten Brauverfahren, beschrieben. Selbstverständlich können Sie alle diese Biere auch nach dem **Dekoktionsverfahren** herstellen, wobei wir Sie hierbei auf das Kapitel „Dekoktionsverfahren“ auf Seite 76 f. verweisen. Neben dem Rezept finden Sie bereits die Angabe, ob es sich um ein untergäriges oder obergäriges Bier handelt.

Im einschlägigen Versandfachhandel gibt es bereits eine Vielzahl unterschiedlichster Malzmischungen, fertig zusammengemischt oder als sortenreine Malze, geschrotet oder noch ungeschrotet. Dennoch werden Sie oftmals nicht immer das 100%-ig geeignete Malz für das jeweilige Rezept erhalten, wie es bei den Originalbieren im entsprechenden Land verwendet wird. Dasselbe gilt natürlich ebenfalls für die Brauhefen, welche von den Brauereien zum Teil patentrechtlich geschützt werden, daher Ihnen für das Brauen zu Hause nicht oder nur in Ausnahmefällen zur Verfügung stehen werden. Sie müssen sich daher mit den von Ihnen erreichbaren Rohstoffen behelfen, ganz zu schweigen vom optimalen Brauwasser und der jeweiligen Hopfenmischung und deren Geschmack bestimmenden Einflüssen auf das fertige Bier.

Lassen Sie sich aber nicht entmutigen und machen Sie das Beste aus den Ihnen zur Verfügung stehenden Rohstoffen!

Belgien

In keinem Land Mitteleuropas gibt es eine solche Sortenvielfalt an verschiedenen Bieren wie in Belgien. Heute werden in Belgien rund **800 verschiedene** Bierspezialitäten angeboten und für die Belgier hat das Bier und die dazugehörende **Bierkultur** einen ähnlichen Stellenwert wie für die Franzosen der Wein. Diese Bierkultur ist nicht neu, sondern historisch gewachsen, wenn viele Einflüsse aus angrenzenden Bierländern wie Deutschland aber auch von Großbritannien übernommen wurden. Gerade das Kochen mit Bier hat in Belgien eine lange Tradition und es ist verblüffend welche Geschmacknuancen sich mit diesen Bieren erzielen lassen.

Eine ganz besondere Bierspezialität sind die *Lambicbiere*, welche durch **spontane Gärung** ohne die Beigabe von Reinzuchthefen gebraut werden. Diese Bierspezialitäten stammen noch aus der Zeit, als man noch nicht gelernt hatte mit Hefen bei der Biererzeugung umzugehen. Der **säuerliche Geschmack** der bei diesen durch Spontangärung entstandenen Bieren ist jedoch nicht jedermanns Sache und ist eigentlich nicht mit den uns bekannten Bieren vergleichbar. Die Beigabe von Früchten, hauptsächlich **Kirschen, Himbeeren und Erdbeeren,** zu Weizenbieren erzeugt ungewohnte, aber durchaus reizvolle Geschmacksvarianten. Auch wenn diese Zutaten nicht dem Reinheitsgebot entsprechen, sind diese Früchte natürliche Zutaten, welche im Maischeprozess Ihre Geschmack bestimmenden Bestandteile und ihren Zuckergehalt und die Fruchtsäure an die Maische abgeben.

Viele dieser Bierspezialitäten werden in Belgien obergärig gebraut, wobei der Form der Flaschengärung eine ganz besondere Bedeutung zukommt. Die fünf belgischen **Klosterbrauereien** und eine Klosterbrauerei in den benachbarten Niederlanden brauen mit dem *Trappistenbier* einen eigenen Biertyp, der durch die *Methode champenoise*, einer Nachgärung in der Flasche unterzogen wird, bei der **Kandiszucker** im Maischeprozess und anschließend noch einmal dem Bier in der Flasche zur Nachgärung beigefügt wird. Durch diese Champagnerreifung in der Flasche bildet sich ein deutlicher Bodensatz aus Hefe in der Flasche. *Belgische Weißbiere* unterscheiden sich von Ihren deutschen Verwandten dadurch, dass anstelle von Weizenmalz geschroteter Weizen in Form von **Rohfrucht** eingesetzt wird, was von Ihnen zu Hause beim Brauen nachvollzogen werden kann, gerade vor allem dann, wenn Ihnen kein gemälztes Weizenmalz zur Verfügung steht. Neben diesen regionaltypischen Sorten werden in Belgien viele Biere nach englischer Tradition *Ales, Stouts* und *Porter* erzeugt.

Als Schutzpatron ihrer Biere betrachten die Belgier, wie z. T. auch die Deutschen und Tschechen **Gambrinus als den König der Biere**. Der Name „Gambrinus“

stammt wahrscheinlich von Jan I., Herzog von Brabant, der im 13. Jahrhundert im heutigen Belgien lebte. Aus „Jan Primus“ – seiner lateinischen Namensbezeichnung – entstand dann der Name „Gambrinus“!

Belgisches Weizenbier (obergäriges Bier) – ***Lambicbier***

für 10 L Bier	
1,5 kg	**helles Malz**
1 kg	**Weizen (ungemälzt)**
25 g	**Hopfen (Pellets)**
8 L	**Wasser**
Nachguss 8 – 9 L	
Trockenhefe oder Flüssighefe (obergärig)	

für 20 L Bier	
3 kg	**helles Malz**
2 kg	**Weizen (ungemälzt)**
45 g	**Hopfen (Pellets)**
14 L	**Wasser**
Nachguss 10 – 12 L	
Trockenhefe oder Flüssighefe (obergärig)	

Einmaischen bei 45° C.
Eiweißrast bei 55° C (15 min.)
Erwärmen auf 65° C,
30 min. Verzuckerungsrast (Jodprobe!)
Erwärmen auf 72° C,
30 min. Endverzuckerungsrast (Jodprobe!)
Erwärmen auf 78° C,
30 min. Rast, danach abläutern.

Der Restzucker der Maische wird mit 78° C warmem Wasser ausgewaschen.

Kochen mit dem Hopfen.
Hopfengabe auf 2 Hopfengaben verteilt.
Filtern und abkühlen und dann die obergärige Hefe beigeben.

Gärzeit 2–3 Tage.
Lagerzeit 4–6 Wochen.

Da dieses Weizenbier mit **Rohfruchtbeigabe** gebraut wird, achten Sie bitte besonders darauf, dass Ihnen das ungemälzte Getreide, das schwerer als Malz ist, sich nicht am Boden des Maischegefäßes anlegt. Auch enthält der ungemälzte Weizen **keine Enzyme** zum Aufspalten der Stärke in Malzzucker und Dextrin, daher müssen die Enzyme des Gerstenmalzes die Aufspaltung der Stärke des Weizens zusätzlich übernehmen, was natürlich nur dann ausreichend funktioniert, wenn das Gerstenmalz entsprechend viele aktive Enzyme enthält, also recht frisch geschrotet ist. Als Definition der *Lambicbiere* gehört, dass ein Mindestanteil von 30% ungemälzter Weizen enthalten sein muss, der Rest ist Gerstenmalz. In Belgien werden diese Biere normalerweise durch Spontangärung vergoren, d.h. ohne die Beigabe von Reinzuchthefe. Für das Brauen zu Hause können wir Ihnen dieses Verfahren nicht empfehlen, da es zu völlig unkontrollierbaren Ergebnissen kommen kann. In Belgien werden den Weizenbieren durch die Beigabe von Früchten wie **Kirschen, Erdbeeren und Himbeeren** besondere Geschmacksnuancen gegeben. Das oben beschriebene Bier dient als Grundlage für diese **Fruchtbiere,** welche ein leicht säuerliches Getränk ergeben, welches nicht jedermanns Geschmack sind. *Gueuze* ist eine Mischung aus jungen und alten *Lambicbieren,* welches ähnlich dem Champagner eine Nachgärung in der Flasche durchmacht und vom Geschmack her auch recht säuerlich ist.

Beim Vergären dieser Weizenbiere entsteht relativ viel Kohlensäure, welche durch mehrmaliges Öffnen der Flaschen entsprechend entlüftet werden muss.

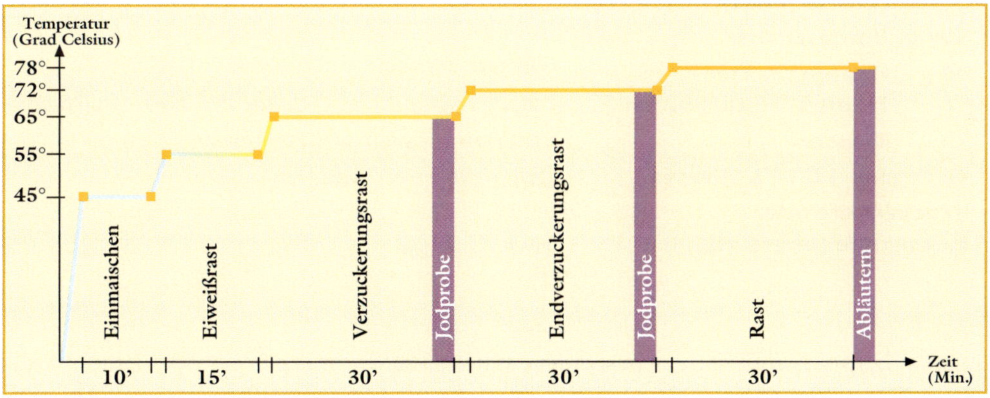

„Trappistenbier“ (obergäriges Bier)

für 10 L Bier	
3 kg	**helles Malz (Pilsner Malz)**
200 g	**Kandiszucker**
20 g	**Hopfen (Saazer Hopfen) Naturhopfen**
8 L	**Wasser**
Nachguss 8 – 10 L Wasser	
Trockenhefe oder Flüssighefe (obergärig)	

für 20 L Bier	
6 kg	**helles Malz (Pilsner Malz)**
400 g	**Kandiszucker**
40 g	**Hopfen (Saazer Hopfen) Naturhopfen**
13 L	**Wasser**
Nachguss 12–14 L Wasser	
Trockenhefe oder Flüssighefe (obergärig)	

Einmaischen bei 35° C.
Eiweißrast bei 55° C (20 min.)
Erwärmen auf 65° C,
30 min. Verzuckerungsrast (Jodprobe!)
Erwärmen auf 72° C,
30 min. Verzuckerungsrast (Jodprobe!)
Erwärmen auf 78° C,
30 min. Rast, danach abläutern.
Der Restzucker der Maische wird mit 78° C warmem Wasser ausgewaschen.

Kochen mit dem Hopfen. Hopfengabe auf 2–3 Hopfengaben verteilt. Getrockneter Naturhopfen aus Saaz.
Filtern und abkühlen und dann die obergärige Hefe beigeben.

Gärzeit 3 Tage.
Nachgärung durch Beigabe von Kandiszucker und frischer Hefe in der Flasche.
Lagerzeit 6 – 10 Wochen.

Dieses *Trappistenbier* ist ein besonders starkes, helles obergäriges Spezialbier, welches in den fünf Klosterbrauereien in Belgien und in einer Klosterbrauerei in den angrenzenden Niederlanden gebraut wird. Nur ein in diesen Trappistenbrauereien gebraute Bier darf die Bezeichnung *Trappistenbier* führen. Verwendet werden für diese Bierspezialität helle Pilsmalze und die gleichen Hopfensorten wie für die Pilsbiere. Als Besonderheit wird beim Brauen der Maische Kandiszucker beigegeben. Eine geringe Menge Kandiszucker für die Nachgärung findet in der Flasche Verwendung, genauso wie für die Nachgärung auch nochmals frische Hefe der

Flasche beigegeben wird. Dass diese Flaschen durch die Zucker- und Hefebeigabe besonders entlüftet werden müssen, versteht sich von selbst.

Durch den hohen Stammwürze- und Alkoholgehalt benötigt dieses obergärige Bier auch eine relativ lange Lagerung um seinen vollen Geschmack entwickeln zu können, was ansonsten bei obergärigen Bieren unüblich ist.

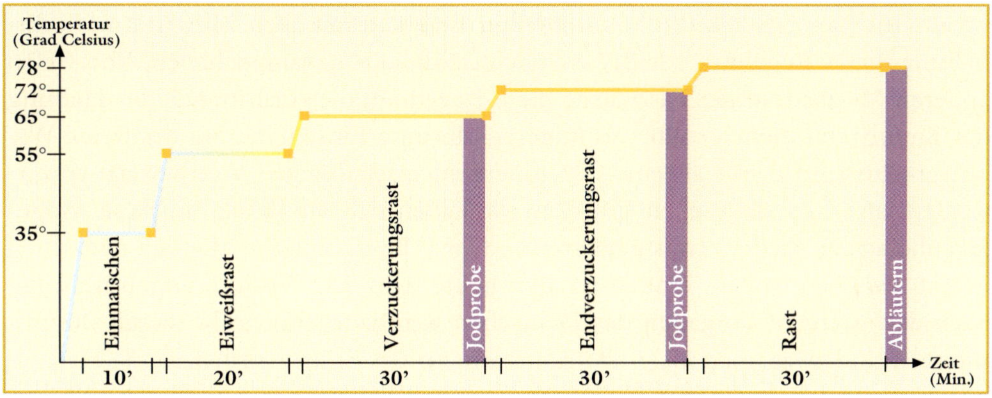

Deutschland

Heutzutage gilt, ob zu Recht oder Unrecht steht hier nicht zur Debatte, die Bundesrepublik Deutschland als das klassische Bierland Mitteleuropas. Das untergärige Bierverfahren wurde zwar in **Kleinschwechat** bei Wien und in **Pilsen** entwickelt, und auch die Tschechen trinken heute mehr Bier als der durchschnittliche deutsche Konsument, aber der Einfluss des ***Deutschen Reinheitsgebotes von 1516*** erklärt, warum die Deutschen so stolz auf ihr Bier sind und mit allen Mitteln um die Erhaltung dieser Regelung – leider ziemlich erfolglos – gekämpft haben. Von vielen anderen Mitgliedern der EU wurde diese Regelung, die vordringlich der Hebung der Bierqualität dienen sollte, als ungerechtfertigte Einschränkung des freien Warenverkehrs und damit als eine den innergemeinschaftlichen Wettbewerb verzerrende Maßnahme angesehen. Mittlerweile haben sich die Wogen in dieser Angelegenheit zwar wieder etwas geglättet und viele Braukonzerne, die den deutschen Markt bedienen wollen, brauen ihr Bier heute trotz EU Bestimmungen freiwillig nach den strengen Vorgaben des Deutschen Reinheitsgebotes. In diesen Bestimmungen sind zwar noch nicht alle Rohstoffe für das Brauen enthalten, da Hefe als der Auslöser der alkoholischen Gärung im Jahr 1516 noch gar nicht bekannt war, also die Beigabe von Reinzuchthefe nach strenger Auslegung des Reinheitsgebotes auch nicht zulässig wäre! Viele Bestimmungen, beispielsweise im *Österreichischen Lebensmittelkodex* und im *Schweizer Lebensmittelrecht*, sind wesentlich restriktiver als die einschlägigen Bestimmungen des *Deutschen Biersteuergesetzes.* Trotz allem spiegelt aber gerade dieses Deutsche Reinheitsgebot das Bierverständnis der Deutschen besonders gut wider und viele Brauer in der EU nehmen sich diese Bestimmungen als Vorbild, gerade dann wenn sie mit ihren Bieren auch auf dem deutschen Markt präsent sein wollen, wird das Brauen nach dem Reinheitsgebot als Verkaufsargument eingesetzt.

Heute werden in der Bundesrepublik Deutschland zwar auch überwiegend die üblichen untergärigen Biersorten nach *Pilsner Art* bzw. *Lager-* und *Exportbiere* gebraut, daneben konnten sich aber doch in vielen kleineren Orten mit lokalen Brauereien ein Vielzahl an Braustätten mit **regionaltypischen Spezialitätenbieren** gegen übermächtige Konkurrenz behaupten. Auch gibt es nicht die Bierspezialität, vielmehr gibt es, was bei dem großen Markt nicht sonderlich verwunderlich ist, mehrere dieser Spezialitäten, welche wir in diesem Buch entsprechend würdigen möchten. Heutzutage gibt es nach der Wiedervereinigung Deutschlands auf dem gesamten Staatsgebiet mehr als **1300 Brauereien**, welche neben den gängigsten

Biersorten auch eine Vielzahl lokaler und regionaler Bierspezialitäten anbieten. Was die Anzahl der Brauereien betrifft ist die Bundesrepublik unangefochten **Weltmeister**, liegen doch rund 40% aller Braustätten der Welt in diesem mitteleuropäischen Land! Eine wahre Fundgrube für solche regionalen Spezialitäten ist in Bayern der Raum **Franken**, wo sich in beinahe jedem Ort noch eine kleine Brauerei mit ihrem sorten- und regionstypischen Bier behaupten konnte, welche zumeist nur die Gasthäuser in diesem Ort beliefert oder im Extremfall nur als Wirtshausbrauerei betrieben wird und damit ja schon wieder im Trend hin zu diesen kleinen Gasthausbrauereien liegt.

Ist es im Süden mit den *Weiß-* oder wie sie hier auch genannt werden *Weizenbieren* eine Bierspezialität, welche sich selbst als eine Ausnahme zum strengen Reinheitsgebot darstellt, gibt es mit der *Berliner Weiße* auch im Raum Berlin eine regionaltypische Bierspezialität, welche Weizen in gemälzter Form als Beigabe neben Gerstenmalz vorsieht. Daneben gibt es im Großraum München das untergärige, dunkle Bier nach *Münchner Art*, eher schwach gehopft mit betont malziger Note. Fälschlicherweise wird oft **München** als die Bierhauptstadt Deutschlands bezeichnet, vielmehr ist trotz des Oktoberfestes und entsprechendem Bierausstoß und -konsum **Dortmund** vom Bierausstoß mit seinen eher hellen, stärker gehopften *Exportbieren*, welche auch von der Stammwürze etwas stärker sind, die führende Biermetropole Deutschlands. Nicht vergessen darf man in dieser Aufzählung jedoch die lokalen Spezialitäten wie das *Kölsch* in Köln ein helles obergäriges Bier, das nur in Köln erzeugt werden darf und ursprungsrechtlich geschützt ist, die dunklen, obergärigen *Altbiere* aus Düsseldorf, Münster oder Hannover, vergleichbar den englischen *Ales*, die *Rauchbiere* im Raum Bamberg, erzeugt aus über offenem Buchenholz gedarrtem Malz, oder die *Steinbiere*. Ganz zu schweigen von den norddeutschen Pilsbieren, welche extrem trocken und sehr stark gehopft, sich deutlich vom Original gleichen Namens aus dem tschechischen Pilsen unterscheiden, aber bereits eine eigene Pilskultur kreiert haben. Auch werden diese Pilsbiere im Norden in kleineren Gläsern (0,2 l bis 0,3 l) ausgeschenkt, wohingegen in Bayern nicht nur beim **Oktoberfest** in München **Maßkrüge** mit einem Inhalt von 1 Liter und mehr – manchmal aber auch deutlich weniger – durchaus üblich sind.

Viele dieser Biere sind für das Brauen zu Hause geeignet und wir haben uns entschlossen Ihnen auf den folgenden Seiten mehrere verschiedene dieser Bierspezialitäten näher vorzustellen.

Weizenbier (obergäriges Bier)

für 10 L Bier	
1 kg	**helles Malz**
1,5 kg	**Weizenmalz**
25 g	**Hopfen (Pellets)**
8 L	**Wasser**
Nachguss 8–9 L Wasser	
Trockenhefe oder Flüssighefe (obergärig)	

für 20 L Bier	
2 kg	**helles Malz**
3 kg	**Weizenmalz**
45 g	**Hopfen (Pellets)**
14 L	**Wasser**
Nachguss 10–12 L Wasser	
Trockenhefe oder Flüssighefe (obergärig)	

Einmaischen bei 40° C.
Eiweißrast bei 55° C (15. min.)
Erwärmen auf 65° C, 30 min. Verzuckerungsrast (Jodprobe!)
Erwärmen auf 72° C, 30 min. Endverzuckerungsrast (Jodprobe!)
Erwärmen auf 78° C, 30 min. Rast, danach abläutern.

Kochen mit dem Hopfen. Hopfen auf 2 Hopfengaben verteilt.
Filtern und abkühlen und dann die obergärige Hefe beigeben.

Gärzeit 2–3 Tage.
Lagerzeit 2–3 Wochen.

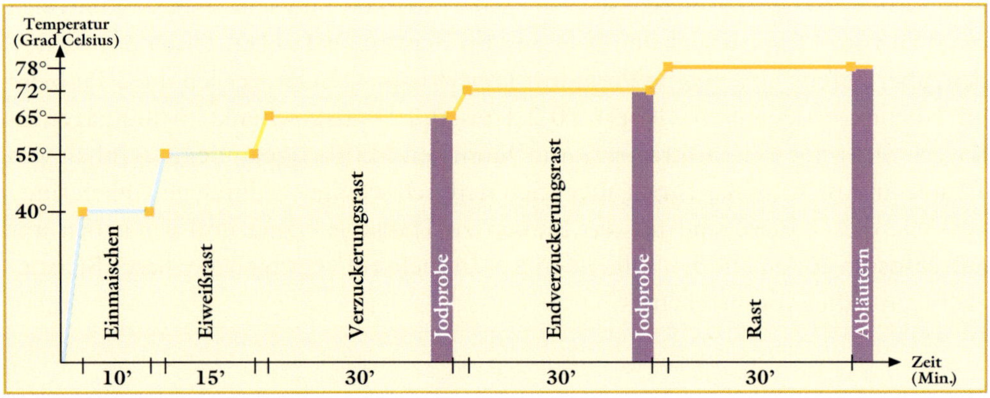

Dieses Weizenbier hat einen Stammwürzegehalt von rund 12° Stammwürze. Die Lagerzeit beträgt 2 – 3 Wochen. Vorsicht bei der Lagerung des Weizenbieres. Es bildet sich bei der Nachgärung in der Flasche relativ viel Kohlensäure, die entsprechend entlüftet werden sollte.

Das Brauen von Bier unter Zugabe von Weizen in Form von Rohfrucht bzw. als **Weizenmalz** hat sicherlich eine sehr lange Tradition. Im Jahr 1567 wurde dann das Brauen mit Weizen in Bayern verboten, um die Ernährung der notleidenden Bevölkerung nach Missernten sicherzustellen. In der Folge nützten die Bayerischen Herzöge dieses Brauverbot um sich über Jahrhunderte das Brauen von Weißbier als Staatsmonopol selbst vorzubehalten!

Lange Zeit schien es so, als ob das *Weißbier* durch neue Biersorten vor allem durch die untergärigen *Lager-* und *Pilsbiere* verdrängt werden würde, erst in letzter Zeit erfolgte eine Renaissance dieses uralten, obergärigen Biertypes, der heute in zwei Formen als klares *Kristall-* oder *Champagnerweißbier* und als hefetrübes *Hefeweißbier* hell oder dunkel angeboten wird. Auch gibt es noch ein stärkeres Weißbier in Form eines *Weizenbockes*.

Sondermarke der Deutschen Bundespost:
450 Jahre deutsches Reinheitsgebot für Bier.

(Michael Hlatky)

Dunkles Weizenbier (obergäriges Bier)

für 10 L Bier	
1,5 kg	helles Malz
250 g	Karamelmalz
25 g	Farbmalz
1,3 kg	Weizenmalz
20 g	Hopfen (Pellets)
8 l	Wasser
Nachguss 8–10 l Wasser	
Trockenhefe oder Flüssighefe (obergärig)	

für 20 L Bier	
2,5 kg	helles Malz
0,5 kg	Karamelmalz
50 g	Farbmalz
2,5 kg	Weizenmalz
30 g	Hopfen (Pellets)
16 l	Wasser
Nachguss 16–18 l Wasser	
Trockenhefe oder Flüssighefe (obergärig)	

Einmaischen bei 35° C.
Eiweißrast bei 55° C (15 min.)
Erwärmen auf 65° C,
40 min. Verzuckerungsrast (Jodprobe!)
Erwärmen auf 72° C,
30 min. Endverzuckerungsrast (Jodprobe!)
Erwärmen auf 78° C,
30 min. Rast, danach abläutern.
Der Restzucker der Maische wird mit 78° C warmem Wasser ausgewaschen.

Kochen mit dem Hopfen. Hopfen auf 2 Hopfengaben verteilt.
Filtern und abkühlen und dann die obergärige Hefe beigeben.

Gärzeit rund 2 – 3 Tage.
Lagerzeit 2 – 3 Wochen.

Dieses dunkle *Weizenbier* hat einen Stammwürzegehalt von rund 12°. Die Lagerzeit beträgt wie beim hellen Weizenbier auch rund 2 -3 Wochen. Für das Brauen zu Hause eignen sich diese *Weizenbiere* ganz besonders gut, einerseits da die Rohstoffe im Versandhandel relativ einfach zu erhalten sind, andererseits ist das angewandte, obergärige Gärverfahren zu Hause am leichtesten durchzuführen und da die Biere auch im industriellen Brauvorgang zum Teil **hefetrüb** angeboten werden, ist der Geschmack der von Ihnen selbst gebrauten Biere am ehesten den gekauften

Weißbieren ähnlich. Für erste Brauversuche können wir Ihnen diese *Weizenbiere* nur wärmstens empfehlen.

Weizenbiere bilden tendenziell mehr Kohlensäure, wirken dadurch erfrischender und durstlöschender, schmecken leicht säuerlich und wurden früher vorwiegend in der warmen Jahreszeit gebraut. Von der Unsitte, in *Weißbiere* eine Zitronenschale zu geben, ist man Gott sei Dank in letzter Zeit in der Gastronomie wieder abgegangen! Für hefetrübe Weizenbiere, wie Sie ja von Ihnen zu Hause hergestellt werden, ist die Zitronenscheibenbeigabe eine völlig unsinnige „Geschmacksbereicherung".

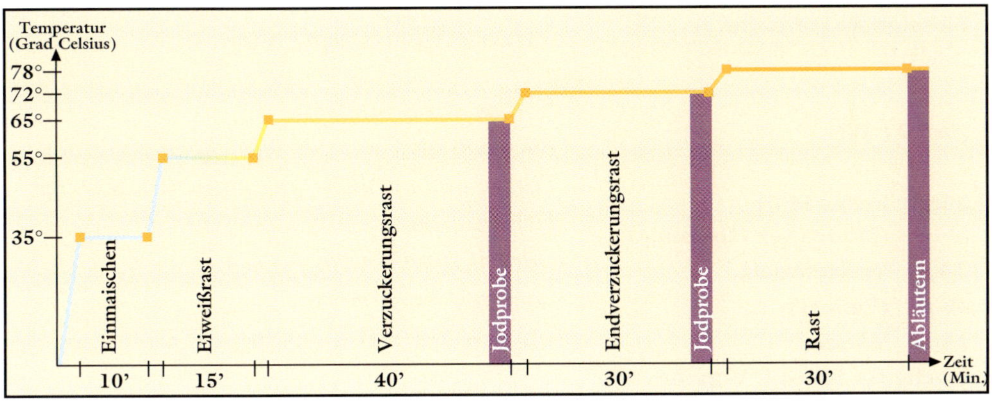

Weizenbock Hell und Dunkel (obergäriges Bier)

für 10 L Bier	
1,5 kg	**helles Malz (Münchner Mischung)**
1,5 kg	**Weizenmalz**
20 g	**Hopfen (Pellets)**
8 L	**Wasser**
Nachguss 8 L Wasser	
Trockenhefe oder Flüssighefe (obergärig)	

Einmaischen bei 40° C.
Eiweißrast bei 55° C (15 min.)
Erwärmen auf 65° C,
40 min. Verzuckerungsrast (Jodprobe!)
Erwärmen auf 72° C,
30 min. Endverzuckerungsrast (Jodprobe!)
Erwärmen auf 78° C,
30 min. Rast, danach abläutern.
Der Restzucker der Maische wird mit 78° C warmem Wasser ausgewaschen.

für 20 L Bier	
3 kg	**helles Malz (Münchner Mischung)**
3 kg	**Weizenmalz**
40 g	**(Pellets)**
14 L	**Wasser**
Nachguss 12–14 L Wasser	
Trockenhefe oder Flüssighefe (obergärig)	

Kochen mit dem Hopfen.
Hopfenbeigabe auf 2–3 Hopfengaben verteilt.
Filtern und abkühlen und dann die obergärig Hefe beigeben.
Gärzeit rund 3 Tage.
Lagerzeit 2–3 Wochen.

Der Stammwürzegehalt dieser zu besonderen Anlässen gebrauten Bierspezialität beträgt rund 16° Stammwürze.

Dieses *Weizenbock* wird in Bayern zum Unterschied zu anderen *Bockbieren*, die eher zu **Weihnachten** oder zu **Ostern** gebraut werden, als **Maibock** im Frühling angeboten. Beim Brauen zu Hause benötigt der Weizenbock schon einiges Wissen und Können, damit die eingesetzte Hefe keinen Hefeschock durch den hohen Stammwürzegehalt erleidet.

Der Name **Bock** stammt nicht wie irrtümlich angenommen und durch viele Bieretiketten belegt werden soll, vom Ziegenbock, sondern entstand durch eine

Verballhornung des Wortes Einbeck; einer Stadt in Niedersachsen die bekannt für ihr Starkbier war und ist.

Durch Beigabe von 0,5 kg (bei 20 Litern 1 kg) dunkles Karamelmalz und 30 g Farbmalz (bei 20 Litern 50 g) können Sie auch einen **dunklen Weizenbock** zu Hause brauen nach dem oben angegebenen Rezept.

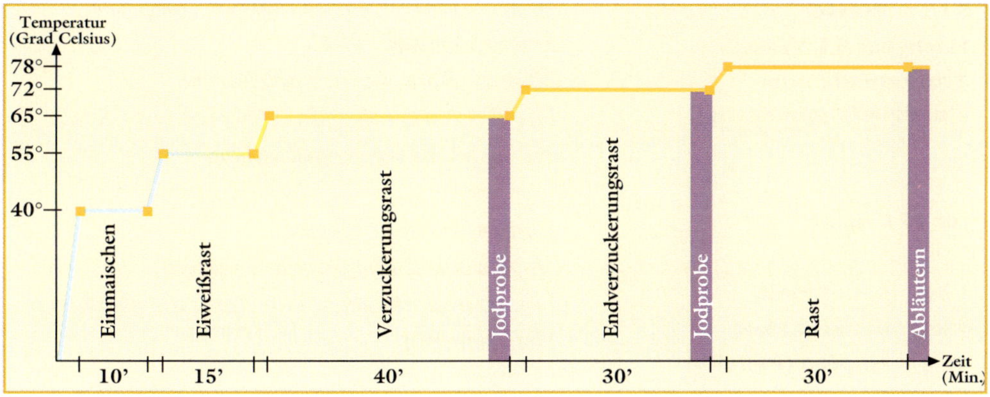

Altbier (obergäriges Bier)

für 10 L Bier	
0,5 kg	**helles Malz**
2 kg	**dunkles Malz**
25 g	**Hopfen (Pellets)**
8 L	**Wasser**
Nachguss 8 L Wasser	
Trockenhefe oder Flüssighefe (obergärig)	

Einmaischen bei 40° C.
Eiweißrast bei 55° C (15 min.)
Erwärmen auf 65° C,
40 min. Verzuckerungsrast (Jodprobe!)
Erwärmen auf 72° C,
40 min. Endverzuckerungsrast (Jodprobe!)
Erwärmen auf 78° C,
20 min. Rast, danach abläutern.
Der Restzucker der Maische wird mit 78° C warmem Wasser ausgewaschen.

für 20 L Bier	
1 kg	**helles Malz**
4 kg	**dunkles Malz**
50 g	**Hopfen (Pellelts)**
14 L	**Wasser**
Nachguss 10–12 L Wasser	
Trockenhefe oder Flüssighefe (obergärig)	

Kochen mit dem Hopfen.
Hopfen auf 2 Hopfengaben verteilt.
Filtern und abkühlen und dann die obergärige Hefe beigeben.

Gärzeit rund 2 – 3 Tage.
Lagerzeit 3 – 4 Wochen.

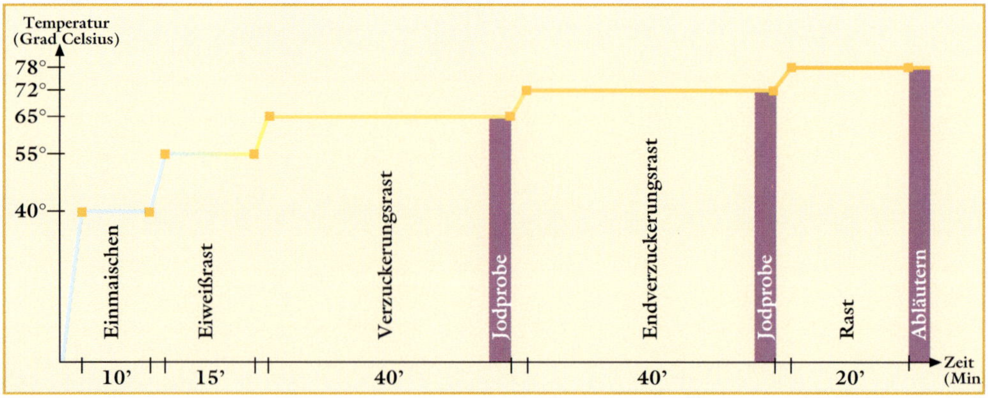

Der Stammwürzegehalt beträgt rund 12° Stammwürze. Die Lagerzeit rund 6 Wochen. Der Name *Altbier* stammt daher, dass dieses Bier nach einem überlieferten, d.h. **alten Verfahren** gebraut wird. Dieses Bier ist am ehesten mit den englischen *Ales* oder den belgischen Bieren vergleichbar, welche ja auch obergärig vergoren werden. *Altbier*, mit seiner charakteristischen dunklen Farbe wird aus speziellen kleinen Gläsern (0,2 l) getrunken und erfreut sich in letzter Zeit, als ganz besondere Bierspezialität, wieder steigender Beliebtheit.

Exportbier (untergäriges Bier)

für 10 L Bier	
2,5 kg	**helles Malz (Dortmunder)**
100 g	**Karamelmalz**
14 g	**Hopfen (Pellets)**
7 L	**Wasser**
Nachguss 8–10 L Wasser	
Trockenhefe oder Flüssighefe (untergärig)	

Einmaischen bei 35° C.
Eiweißrast bei 55° C (15 min.)
Erwärmen auf 65° C,
30 min. Verzuckerungsrast (Jodprobe!)
Erwärmen auf 72° C,
30 min. Endverzuckerungsrast (Jodprobe!)
Erwärmen auf 78° C,
30 min. Rast, danach abläutern.
Der Restzucker wird mit 78° C warmem Wasser ausgewaschen.

für 20 L Bier	
5 kg	**helles Malz (Dortmunder)**
200 g	**Karamelmalz**
25 g	**Hopfen (Pellets)**
13 L	**Wasser**
Nachguss 12–14 L Wasser	
Trockenhefe oder Flüssighefe (untergärig)	

Kochen mit dem Hopfen. Hopfen auf 3 Hopfengaben verteilt.
Filtern und abkühlen und dann die untergärige Hefe beigeben.

Gärzeit rund 8 Tage.
Lagerzeit mindestens 6 Wochen.

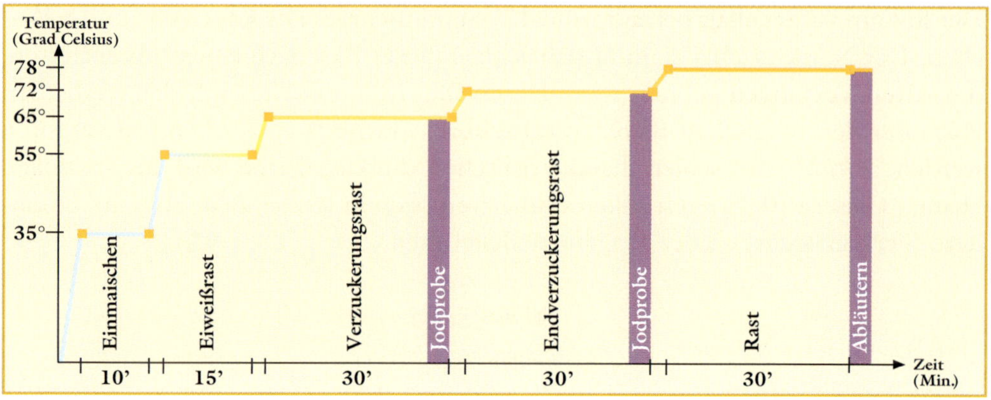

Mit mehr als **6 Millionen Hektoliter** Bierausstoß im Jahr ist Dortmund die unumstrittene **Bierhauptstadt** nicht nur Deutschlands, sondern ganz **Europas**. Unter dem Begriff Dortmunder fasst man Biere unter einer quasi Herkunftsbezeichnung zusammen, für alle Biere aus den rund **30 Brauereien** Dortmunds. Dieses unter dem Begriff *Dortmunder Exportbier* angebotene etwas stärkere, helle, untergärige Bier hat einen Stammwürzegehalt von rund 13° und unterscheidet sich von dem ebenfalls hellen *Pilsbier* dadurch, dass es im Alkoholgehalt stärker aber weniger gehopft als dieses ist. Heute werden nicht nur in **Dortmund** Biere nach diesem Stil gebraut, vielmehr hat sich dieser etwas stärkere Biertyp neben den drei anderen großen untergärigen Bierstilen, dem **Pilsner**, dem **Münchner** und dem Lagerbier nach **Wiener Art** durchgesetzt.

„Kölsch“ (obergäriges Bier)

für 10 L Bier	
2,2 kg	**helles Malz**
30 g	**Hopfen (Pellets) Hallertauer**
8 L	**Wasser**
Nachguss	**4–6 L Wasser**
Trockenhefe oder Flüssighefe (obergärig)	

für 20 L Bier	
4,3 kg	**helles Malz**
50 g	**Hopfen (Pellets) Hallertauer**
14 L	**Wasser**
Nachguss	**6–8 L Wasser**
Trockenhefe oder Flüssighefe (obergärig)	

Einmaischen bei 35° C.
Eiweißrast bei 55° C (10 min.)
Erwärmen auf 65° C,
30 min. Verzuckerungsrast (Jodprobe!).
Erwärmen auf 72° C,
30 min. Endverzuckerungsrast (Jodprobe!)
Erwärmen auf 78° C,
30 min. Rast, danach abläutern.
Der Restzucker wird mit 78° C warmem Wasser ausgewaschen.

Kochen mit dem Hopfen.
Hopfen auf 2–3 Hopfengaben verteilt.
Filtern und abkühlen und dann die obergärige Hefe beigeben.
Gärzeit rund 2 –3 Tage.
Die Lagerzeit beträgt rund 4–6 Wochen.

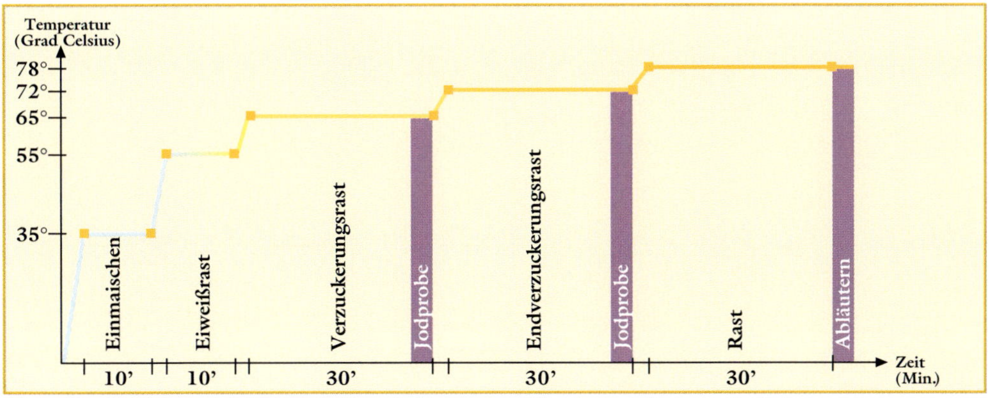

In **Köln** gibt es **mehr Brauereien** als in jeder anderen **Stadt in Europa,** ja auf der ganzen Welt. Dieses spezielle Bier unter der Sortenbezeichnung *Kölsch* ist ein helles Bier, in der Farbe vergleichbar der Farbe eines *Pilsbieres*, wird aber zum Unterschied zu diesem mit obergärigen Hefen vergoren. Da das weiche Wasser sich besonders gut zum Brauen eignet, ist dieser Biertyp sehr stark vom Wasser abhängig. Der Name **Kölsch** darf aber nur für Biere, welche in Köln gebraut werden verwendet werden, wodurch wir den Namen auch unter Anführungszeichen führen, wobei man selbstverständlich diese Biere auch zu Hause brauen kann. Der Stammwürzegehalt der *Kölschbiere* beträgt rund 11°–12°. Die Lagerzeit beträgt rund 4–6 Wochen. Als Variante zum oben angeführten *Kölsch* darf und **kann auch Weizenmalz**, dann aber höchstens mit einem Anteil von 15% verwendet werden, was dem Bier dann eine spritzigere Note verleiht, eine hellere Farbe erzeugt und eine stärkere Schaumbildung hervorruft. Ähnlich dem kupferfarbigen *Altbier* wird auch das *Kölsch* aus kleinen (0,2 l) Gläsern getrunken.

„Rauchbier" (obergäriges Bier)

für 10 L Bier	
2 kg	helles Malz
300 g	geröstetes Malz (über Buchenholz)
15 g	Hopfen (Pellets)
8 L	Wasser
Nachguss 8–10 L Wasser	
Trockenhefe oder Flüssighefe (obergärig)	

für 20 L Bier	
3 kg	helles Malz
600 g	geröstetes Malz (über Buchenholz)
30 g	Hopfen (Pellets)
14 L	Wasser
Nachguss 12–13 L Wasser	
Trockenhefe oder Flüssighefe (obergärig)	

Einmaischen bei 40° C.
Eiweißrast bei 55° C (20 min.)
Erwärmen auf 65° C,
30 min. Verzuckerungsrast (Jodprobe!)
Erwärmen auf 72° C,
30 min. Endverzuckerungsrast (Jodprobe!)
Erwärmen auf 78° C,
30 min. Rast, danach abläutern.
Der Restzucker wird mit 78° C warmem Wasser ausgewaschen.

Gärzeit 2–3 Tage.
Die Lagerzeit beträgt rund 1–2 Wochen.

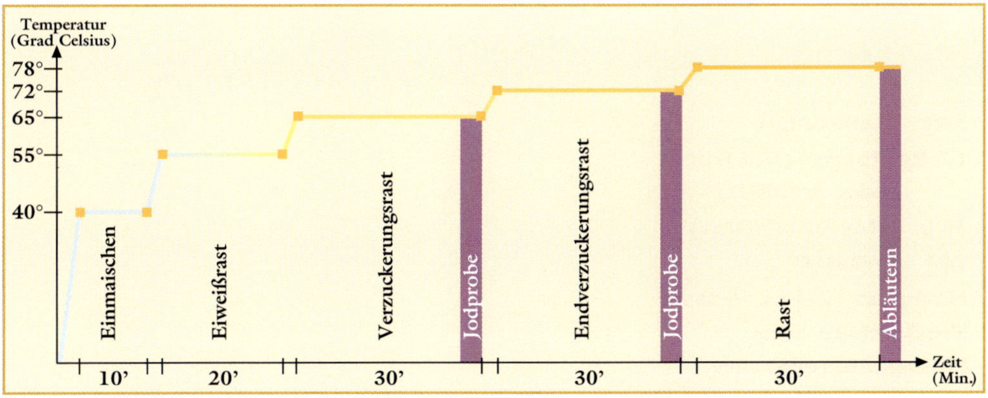

Diese Rauchbiere sind heute eine Spezialität im Raum **Bamberg**, wobei man sich vorstellen muss, dass bis zur Erfindung der elektrischen Darrung alle Biere mehr oder weniger nach Rauch geschmeckt haben werden, da das Malz ja über offenem Feuer gedarrt wurde und durch den aufsteigenden Rauch des offenen Feuers auch das Malz diesen Geschmack angenommen hat. Dieser sehr intensive Geschmack ist nicht jedermanns Sache, sind uns heute doch diese Geschmacksnuancen nur von Selch- und Wurstdauerwaren bekannt. Zu Hause können Sie Rauchmalz in der Form herstellen, dass Sie einen Teil des noch ungeschroteten Malzes in einem Eisensieb über ein offenes Feuer (aus Buchenhölzern) halten. Der aufsteigende Rauch gibt diesem Malz seinen charakteristischen Geschmack.

Roggenbier (obergäriges Bier)

für 10 L Bier	
1,5 kg	**helles Malz**
700 g	**Roggen (Rohfrucht oder gemälzt)**
15 g	**Hopfen (Pellets)**
8 L	**Wasser**
Nachguss 8–10 l Wasser	
Trockenhefe oder Flüssighefe (obergärig)	

für 20 L Bier	
3 kg	**helles Malz**
1,5 kg	**Roggen (Rohfrucht oder gemälzt)**
30 g	**Hopfen (Pellets)**
14 l	**Wasser**
Nachguss 12–14 L Wasser	
Trockenhefe oder Flüssighefe (obergärig)	

Einmaischen bei 40° C.
Eiweißrast bei 55° C (15 min.)
Erwärmen auf 65° C,
30 min. Verzuckerungsrast (Jodprobe!)
Erwärmen auf 72° C,
30 min. Endverzuckerungsrast (Jodprobe!)
Erwärmen auf 78° C,
30 min. Rast, danach abläutern.
Der Restzucker wird mit 78° C warmem Wasser ausgewaschen.

Gärzeit 2 – 3 Tage.
Die Lagerzeit beträgt rund 2 Wochen.

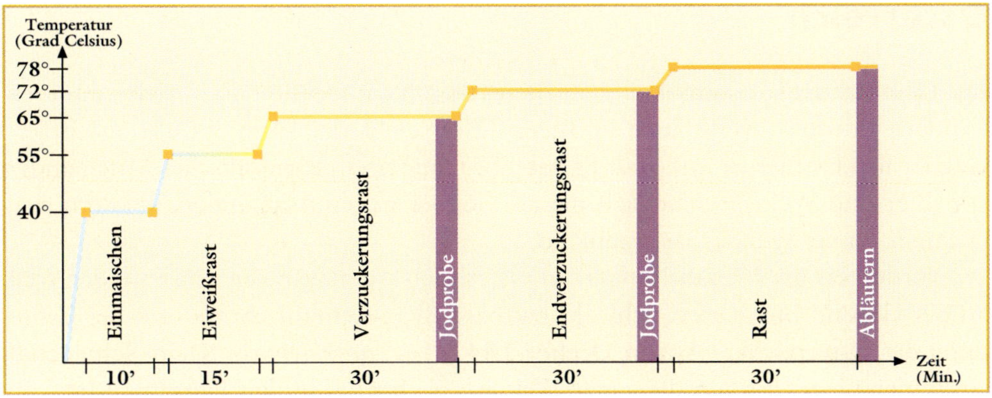

Roggen für die Bierherstellung hat mindestens eine so **lange Tradition** wie Gerste, wurde aber nach der Veröffentlichung des Deutschen Reinheitsgebotes immer mehr in den Hintergrund gedrängt. Für den Heimbedarf wurde diese Getreideart aber immer verwendet, einfach aus dem Grund, da Roggen oder auch Hafer oder Dinkel im ländlichen Bereich in höheren Lagen als Brotgetreide angebaut wurde.

Für das Brauen zu Hause können Sie Roggen in Form von **Rohfrucht** verwenden, wobei dann der Anteil des Roggens am Gesamtmalz rund 20% nicht übersteigen sollte. Ein höherer Anteil an Rohfrucht ist problematisch, da das Gerstenmalz mit seinen Enzymen den geschroteten Roggen beim Stärkeabbau in Zucker mit umwandeln muss. Das Gerstenmalz sollte daher auch möglichst frisch sein, um möglichst viele Enzyme zu enthalten. Ein mindestens 50%iger Gerstenmalzanteil ist auch aus filtertechnischen Gründen notwendig. **Roggenmalz** werden Sie kaum käuflich erwerben können, da nur wenige Brauereien ein solches Spezialbier brauen und dieses in ihrem Auftrag bei den Mälzereien erzeugen lassen. Achten Sie beim Brauen mit Rohfruchtbeigabe besonders darauf, dass sich das doch im Vergleich zum Malz deutlich schwerere Getreide nicht am Boden des Maischegefäßes anlegt und anbrennt, was dem Bier einen unangenehmen Beigeschmack gibt.

Vom Geschmack her ist das *Roggenbier* am ehesten mit den *Weizenbieren* zu vergleichen, hat aber einen wesentlich kernigeren, volleren Geschmack.

Anstelle von Roggen können Sie selbstverständlich auch andere Getreidesorten verwenden, wobei Sie bei diesen den nur begrenzten Anteil als Rohfruchtbeigabe beachten sollten. Die wichtigsten heimischen Getreidesorten zum Erzeugen von ausgefalleneren Bieren sind **Hafer, Dinkel und Emmer.**

Österreich

Die Geschichte des österreichischen Bieres ist um einiges älter als in vielen anderen Ländern Europas, wenn auch in Teilen Österreichs der Wein ein übermächtiger Gegner für das Bier ist und war. Es gab aber immer ein harmonisches Miteinander von Bier und Wein, welche sich nie als Gegner gegenüberstanden, sondern sich vielmehr immer wunderbar ergänzten.

Wurden bis ins 19. Jahrhundert in Österreich – genauso wie sonst auf der Welt – überwiegend obergärige, schlecht haltbare Biere gebraut, so trat mit der Erfindung des Österreichers **Anton Dreher 1841** das *Lagerbier* von **Klein-Schwechat** aus seinen Siegeszug um die ganze Welt an. Nichts hat in den Jahrtausenden von den Sumerern bis heute die Bierherstellung so nachhaltig verändert, ja revolutioniert, wie dieses **„neue Bier"** des Österreichers Anton Dreher. Österreich kann damit mit Recht von sich behaupten die **Wiege der modernen Braukunst** zu sein, wenn an der Weiterentwicklung dieser *Lagerbiere nach Wiener Art* tschechische und später bayerische Brauer wesentlichen Anteil hatten. Auch heute noch werden mehr als 80% der Weltproduktion nach diesem in Österreich entwickelten Verfahren hergestellt und die Brauer nennen diese Biere noch immer *Lagerbiere nach Wiener Art*.

Österreich wurde damit sehr bald einer der größten Bierproduzenten und Bierexporteure Mitteleuropas, lagen doch bis zum Ende der Donaumonarchie so wichtige Bierbrauorte wie das tschechische **Pilsen** und **Budweis** auf dem Gebiet der Habsburgermonarchie. An dieser führenden Rolle im Export hat sich bis heute nichts geändert, vielmehr wurde diese Stellung nach dem Fall des Eisernen Vorhanges ab 1989 durch die traditionell guten Kontakte der österreichischen Brauereien nach Osteuropa durch Übernahme von Brauereien bzw. durch Vergabe von Lizenzen eher noch ausgebaut.

Heute beherrscht mit der **Österreichischen Brau AG** – heute ein Teil des niederländischen Heineken Konzerns – ein riesiger, international agierender Braugigant den kleinen österreichischen Binnenmarkt. Daneben gibt es noch eine Vielzahl innovative kleine regionale Brauereien und in den letzten Jahren verstärkt wieder Gasthausbrauereien. Mit dem Beitritt Österreichs zur Europäischen Union im Jahr 1995 hat sich der Markt für Biere – vor allem aus dem Nachbarland Deutschland – geöffnet, welche durch geringere Abgabenbelastung und Steuern deutliche Wettbewerbsvorteile gegenüber den österreichischen Brauern und deren Bieren genießen. Hier besteht sicherlich ein Handlungsbedarf, da es vor allem in den Grenzregionen zu Bayern in Oberösterreich und Salzburg durch den Direktimport der Konsumenten zu deutlichen Absatzproblemen für die österreichischen Brauereien gekommen ist. An der **Qualität** des österreichischen Bieres kann es nicht liegen, brauen doch die überwiegende Mehrzahl der kleineren österreichischen Brauereien bewusst nach den strengen Bestimmungen des **Deutschen Reinheitsgebotes.**

In Österreich regelt der **Codex alimentarius austriacus** (Österreichisches Lebensmittelbuch) die Bierherstellung, wobei gewisse Bestimmungen wesentlich restriktiver als die einschlägigen Bestimmungen im Deutschen Biersteuergesetz sind. Beispielsweise ist in Österreich jede chemische Aufbereitung des Brauwassers, wie es in Deutschland durchaus üblich ist, nicht zulässig. Das gute Brauwasser in Österreich ermöglicht es auf diese chemischen Zusätze völlig zu verzichten.

Neben dem klassischen *Lagerbier*, das in Österreich überwiegend unter der Bezeichnung *Märzenbier* angeboten wird, brauen viele regionale Brauereien exzellente *Pilsbiere*, steht ihnen doch mit dem extrem weichen Wasser der Böhmischen Masse vor allem in Oberösterreich das gleiche Wasser wie im tschechischen Pilsen und Budweis zur Verfügung. In ganz Österreich gibt es durch das herrlich frische Quellwasser der Alpen bestes Brauwasser, welches zumeist ohne weitere Vorbehandlung für das Brauen verwendet werden kann. Die Biere in Österreich sind überwiegend sehr helle, untergärige Biere, die zum Großteil mit dem Hopfen aus österreichischem Anbau gebraut werden. Die wichtigsten Hopfenanbaugebiete Österreichs liegen im **Mühlviertel,** im **Waldviertel** und rund um **Leutschach** in der südlichen Steiermark.

Märzen (untergäriges Bier)

für 10 l Bier	
2,2 kg	**helles Malz (Wiener Mischung)**
15 g	**Hopfen (Pellets)**
8 l	**Wasser**
Nachguss 8–10 l Wasser	
Trockenhefe oder Flüssighefe (untergärig)	

für 20 l Bier	
4,3 kg	**helles Malz (Wiener Mischung)**
30 g	**Hopfen (Pellets)**
14 l	**Wasser**
Nachguss 10–12 l Wasser	
Trockenhefe oder Flüssighefe (untergärig)	

Einmaischen bei 40° C .
Eiweißrast bei 55° C (15 min.)
Erwärmen auf 65° C,
30 min. Verzuckerungsrast (Jodprobe!)
Erwärmen auf 72° C,
30 min. Endverzuckerungsrast (Jodprobe!)
Erwärmen auf 78° C,
30 min. Rast, danach abläutern.
Der Restzucker wird mit 78° C warmem Wasser ausgewaschen.

Kochen mit dem Hopfen.
Hopfen auf 2–3 Hopfengaben verteilt.
Filtern und abkühlen und dann die untergärige Hefe beigeben.

Gärzeit rund 7–8 Tage.
Die Lagerzeit beträgt rund 4–5 Wochen.

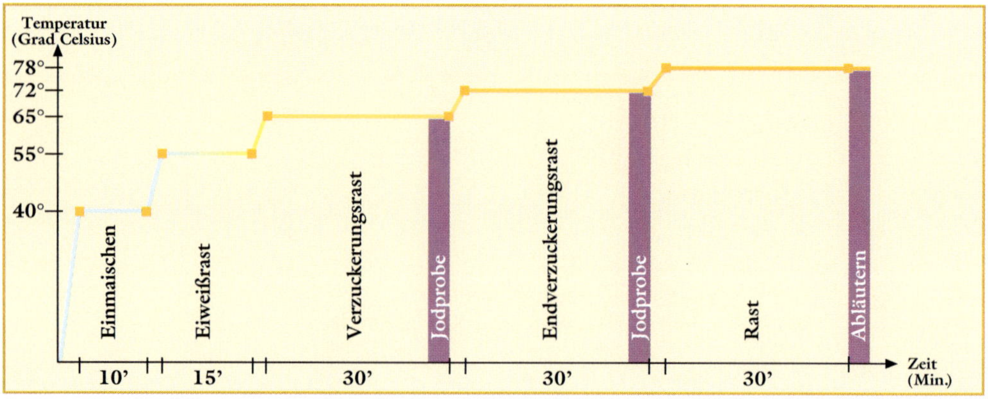

Die Stammwürze dieses Bieres beträgt rund 12°.
Dieser Biertyp des hellen, untergärigen *Märzenbieres* wird vor allem in Österreich und in Bayern gebraut und unterscheidet sich von den *Pilsbieren*, welche ebenfalls hier hergestellt werden dadurch, dass beim *Märzenbier* deutlich weniger Hopfen verwendet wird. Der Name *Märzenbier* stammt übrigens vom **Monatsnamen März**, da es in diesem Monat bis ins 19. Jahrhundert letztmalig möglich war länger haltbare untergärige Biere ohne künstliche, elektrische Kühlung zu brauen. Erst nach Einführung elektrischer Kühlaggregate wurde es möglich – unabhängig von äußeren Witterungseinflüssen – ganzjährig untergäriges Bier zu brauen.

Dinkelbier (obergäriges Bier)

für 10 L Bier	
1,5 kg	**helles Malz (Wiener Mischung)**
700 g	**Dinkel (Rohfrucht)**
15 g	**Hopfen (Pellets)**
8 L	**Wasser**
Nachguss 8–10 L Wasser	
Trockenhefe oder Flüssighefe (obergärig)	

Einmaischen bei 45° C.
Eiweißrast bei 55° C (15 min.)
Erwärmen auf 65° C,
30 min. Verzuckerungsrast (Jodprobe!)
Erwärmen auf 72° C,
30 min. Endverzuckerungsrast (Jodprobe!)
Erwärmen auf 78° C,
30 min. Rast, danach abläutern.
Der Restzucker wird mit 78° C warmem Wasser ausgewaschen.

für 20 L Bier	
4 kg	**helles Malz (Wiener Mischung)**
1,5 kg	**Dinkel (Rohfrucht)**
30 g	**Hopfen (Pellets)**
14 l	**Wasser**
Nachguss 12–14 L Wasser	
Trockenhefe oder Flüssighefe (obergärig)	

Gärzeit 2 – 3 Tage.
Die Lagerzeit beträgt rund 1 – 2 Wochen.

Dinkel ist eine der ältesten Getreidearten, die der Mensch kultiviert hat und diese wurde neben Emmer auch bereits in **Ägypten** und bei den **Babyloniern** neben der Verwendung zur Erzeugung von Brot zum Bierbrauen eingesetzt. Wie alle Getreidearten mit Ausnahme der Braugerste wurde Dinkel durch die Bestimmungen des Deutschen Reinheitsgebotes in den Hintergrund gedrängt. Erst in letzter Zeit wird Bier mit der Beigabe von Dinkel wieder von einigen Brauereien in Deutschland und in Österreich erzeugt.

Für das Brauen zu Hause können Sie Dinkel als **Rohfruchtbeigabe** in Reformhäusern und Drogerien erwerben. Beachten Sie, wie bei allen anderen Rohfruchtbeigaben, dass das ungemälzte Getreide wesentlich schwerer ist als das Gerstenmalz. Daher sinkt dieses an den Boden des Maischegefäßes, kann sich dort anlegen und anbrennen, was einen unangenehmen Geschmack ergibt!

Vom Geschmack ist dieses *Dinkelbier* am ehesten mit *Weizenbieren* vergleichbar, welche ja ebenfalls durch Rohfruchtbeigabe erzeugt werden und mit obergärigen Hefen vergoren werden.

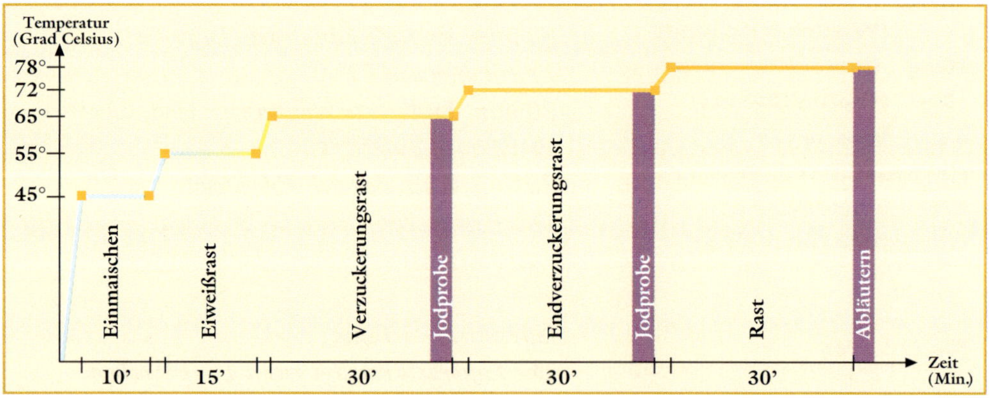

Schweiz

Heute beherrscht ein großer Braukonzern, der in **Basel** in einem Backsteinschloss angesiedelte Braukonzern **Feldschlößchen**, den Schweizer Biermarkt mit weit über 50% Marktanteil. Überwiegend werden *Lagerbiere* und die etwas stärker eingebrauten *Spezialbiere* in der Schweiz erzeugt, genau der alemannisch-bayerischen Tradition entsprechend.

Die Schweizer Biertradition reicht aber nachweisbar bereits bis ins **neunte Jahrhundert** zurück, aus dieser Zeit gibt es bereits Aufzeichnungen der Klosterbrauerei in **St Gallen.** Das von irischen Missionaren im Zuge der Christianisierung Mitteleuropas gegründete Kloster in der Ostschweiz war eines der ersten Brauzentren Europas, von dem aus durch weitere Klostergründungen und die Missionstätigkeit das Wissen über das Bierbrauen weitergegeben wurde. Der **Klosterplan** von St. Gallen aus dem **Jahr 814** weist bereits drei Brauereien im Areal des Klosters aus. Aus diesem Plan geht hervor, dass die Räumlichkeiten für das Brauen bereits in verschiedenen Räumen untergebracht waren. Zu dieser Zeit arbeiteten bereits **mehr als 100 Mönche**, neben einer Vielzahl von Hilfskräften, in diesen drei Brauereien, welche alle ein unterschiedliches Bier brauten.

Auch *Starkbier* und *Bockbier* hat in der Schweiz Tradition, wird doch in der Züricher Brauerei **Hürlimann** mit dem *Samiclaus* das **stärkste Bier der Welt** erzeugt. Der Alkoholgehalt dieses Bieres liegt bei beinahe unglaublichen **14 Vol%** ! Dieses Starkbier wird – wie auch der Name bereits besagt (Nikolaus) – nur am 6. Dezember jedes Jahres gebraut und lagert dann nach der Vergärung genau ein Jahr und wird am 6. Dezember des folgenden Jahres erstmalig ausgeschenkt. Auf den Etiketten dieses Bieres befindet sich – wie bei Weinflaschen – eine Jahreszahl. Dieses Bier erfordert vom Brauer beim Vergären viel Verständnis und Fingerspitzengefühl, da bei diesem hohen Stammwürzegehalt die Gefahr besteht, dass die Bierhefe einen so genannten **Hefeschock** erleidet und dann inaktiv wird. Leider eignen sich solche Starkbiere nicht für das Brauen zu Hause und wir möchten Ihnen daher als typisches Bier der Schweiz ein *Spezialbier* mit einem Rezept vorstellen.

Spezialbier (untergäriges Bier)

für 10 L Bier	
2,5 kg	**helles Malz**
125 g	**Karamelmalz**
13 g	**Hopfen (Pellets)**
7 l	**Wasser**
Nachguss 8–10 L Wasser	
Trockenhefe oder Flüssighefe (untergärig)	

Einmaischen bei 35° C.
Eiweißrast bei 55° C (15 min.)
Erwärmen auf 65° C,
30 min. Verzuckerungsrast (Jodprobe!)
Erwärmen auf 72° C,
30 min. Endverzuckerungsrast (Jodprobe!)
Erwärmen auf 78° C,
30 min. Rast, danach abläutern.
Der Restzucker wird mit 78° C warmem Wasser ausgewaschen.

für 20 L Bier	
5 kg	**helles Malz**
250 g	**Karamelmalz**
25 g	**Hopfen (Pellets)**
13 L	**Wasser**
Nachguss 12–13 L Wasser	
Trockenhefe oder Flüssighefe (untergärig)	

Kochen mit dem Hopfen. Aufteilen des Hopfens auf 2 Hopfengaben.
Filtern und Abkühlen und Beigabe der Hefe.

Gärzeit 8–9 Tage.
Die Lagerzeit beträgt bei diesem Spezialbier 5–6 Wochen.

Der Stammwürzegehalt dieses Spezialbieres beträgt rund 14°.
Dieses vollmundige, etwas stärkere und dunklere Bier hat einen kräftigeren Geschmack als die hellen Lagerbiere.

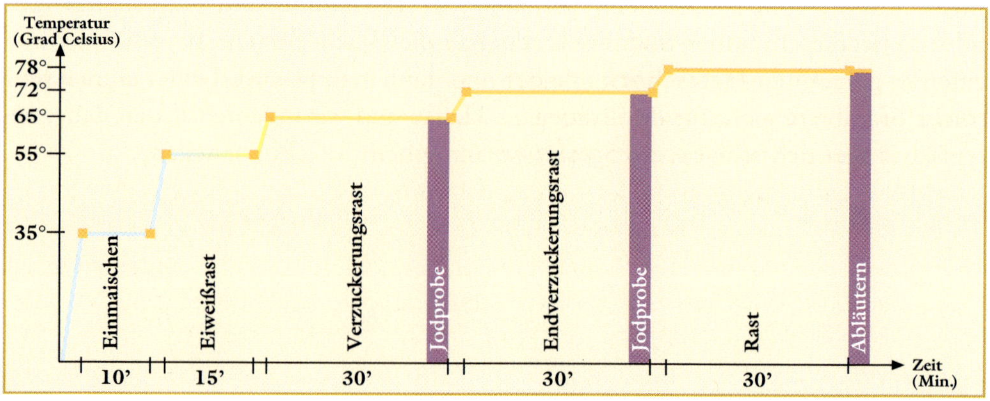

Tschechische Republik

Als eine der Wiegen der modernen Braukunst gilt die Tschechische Republik, die mit den beiden berühmten Bierorten **Pilsen** und **Budweis** ein Garant für exzellente Biere war und ist. Das *Pilsner*, oder besser gesagt ein Bier nach *Pilsner Art,* ist wohl das weltweit berühmteste Bier und wird natürlich heute nicht mehr nur in Pilsen gebraut. Gerade das herrlich weiche Brauwasser der Böhmischen Masse und der **Hopfen** aus dem weltberühmten Anbaugebiet **Saaz** geben diesen Bieren ihre unverwechselbare, herbbittere Geschmacksnote. Der Name Budweiser gab darüber hinaus dem vom Ausstoß her weltweit führenden Bier *„Budweiser"* der Brauerei Busch in Amerika seinen Namen.
Auch beim Pro-Kopf-Konsum an Bier liegt die Tschechische Republik weltweit im Spitzenfeld, wenn auch die Biere in der Tschechischen Republik traditionell etwas leichter eingebraut werden als die in Mitteleuropa üblichen 12° Stammwürze. Das *Pilsner Urtyp*, die markenrechtlich geschützte Biersorte der Brauerei in Pilsen, wird beispielsweise nur mit 11° Stammwürze gebraut. War der Export von *Original Budweiser* bzw. *Pilsner Urtyp* zu Zeiten der kommunistischen Planwirtschaft neben dem **Export des Saazer Hopfens** eine der wichtigsten Einnahmequellen der damaligen Tschechoslowakei, kämpfen gerade diese traditionellen Braustätten seit Ende der kommunistischen Herrschaft darum wieder Anschluss zu finden an die Exporterfolge der zu Recht gerühmten Biere.

Als Bierspezialität der Tschechischen Republik möchten wir Ihnen natürlich ein *Pilsbier* vorstellen. Obwohl heute überall auf der Welt exzellente *Pilsbiere* gebraut werden, wird dieses Bier vom Namen her immer mit diesem tschechischen Brauort in Verbindung gebracht. Im Fachhandel für den Heimbrauer gibt es **Malzmischungen** unter der Bezeichnung **Pilsner Mischung** und um möglichst genau dem originalen Pilsner zu entsprechen empfehlen wir Ihnen nach Möglichkeit die ausschließliche Verwendung von **Saazer Hopfen,** der unter dieser Sortenbezeichnung für das Brauen zu Hause erhältlich ist.

Das Brauwasser in Pilsen hat nur 2° deutsche Härte d.h. für Sie zu Hause, je weicher das Brauwasser, desto näher werden Sie dem Original kommen. Auch war das *Pilsner Urtyp* mit seiner erstmaligen Herstellung im Jahre 1842 nach dem *Lagerbier* von Anton Dreher in Kleinschwechat bei Wien eines der ersten untergärigen Biere der Welt. Das *Original Pilsner* unterscheidet sich z. B. von den extrem herben und besonders hellen *Pilsbieren* Norddeutschlands dadurch, dass es wesentlich dunkler und durch die ausschließliche Verwendung von Saazer Hopfen auch nicht zu herb ist.

Pilsbier (untergäriges Bier)

für 10 L Bier	
2,2 kg	**helles Malz (Pilsener Mischung)**
25 g	**Hopfen (Pellets) (Saazer Hopfen)**
8 L	**Wasser**
Nachguss 6–7 L Wasser	
Trockenhefe oder Flüssighefe (untergärig)	

Einmaischen bei 35° C.
Eiweißrast bei 55° C (10 min.)
Erwärmen auf 65° C,
30 min. Verzuckerungsrast (Jodprobe!)
Erwärmen auf 72° C,
30 min. Endverzuckerungsrast (Jodprobe!)
Erwärmen auf 78° C,
30 min. Rast, danach abläutern.
Der Restzucker wird mit 78° C warmem Wasser ausgewaschen.

für 20 l Bier	
4,3 kg	**helles Malz (Pilsener Mischung)**
50 g	**Hopfen (Pellets) (Saazer Hopfen)**
14 L	**Wasser**
Nachguss 8–10 L Wasser	
Trockenhefe oder Flüssighefe (untergärig)	

Kochen mit dem Hopfen. Hopfen auf 3 Hopfengaben verteilt.
Den Saazer Aromahopfen zum Schluss.
Filtern und abkühlen und dann die untergärige Hefe beigeben.

Gärzeit 7 – 8 Tage.
Lagerzeit 5 – 6 Wochen.

Der Stammwürzegehalt dieses klassisch, bitterherben Bieres beträgt rund 11° Stammwürze. Die Lagerzeit für dieses untergärige Bier beträgt 5–6 Wochen. Verwenden Sie für dieses besondere Bier die entsprechenden Gläser um den durch den **Saazer Hopfen** sich bildenden Bierschaum voll zur Geltung kommen zu lassen.

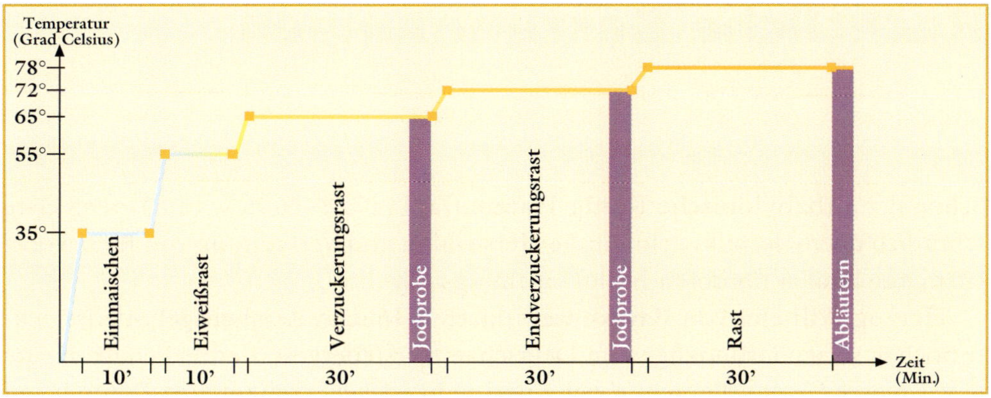
Temperatur
(Grad Celsius)
78°
72°
65°
55°
35°
Einmaischen
Eiweißrast
Verzuckerungsrast
Jodprobe
Endverzuckerungsrast
Jodprobe
Rast
Abläutern
10'
10'
30'
30'
30'
Zeit
(Min.)

Rechtliche Bestimmungen

Schon der **altbabylonische König Hammurapi** (1728–1686 v. Chr.) erließ erste schriftlich überlieferte Regeln für die Herstellung und Verbreitung von Bier, wobei er strenge Strafen für deren Nichteinhaltung androhte.

Herzog Wilhelm von Bayern verordnete 1516 das „Reinheitsgebot" das heute noch in seinen Grundzügen im Deutschen Biersteuergesetz enthalten ist. Heute regelt dieses Gesetz die gewerbliche und industrielle Erzeugung in Deutschland und ähnliche Regelungen wie der *codex alimentarius austriacus* in Österreich und die *Schweizer Lebensmittelverordnung* spezifizieren die Zutaten für das Bierbrauen in diesen Ländern.

Alle diese Bestimmungen gelten natürlich für Sie als **Heimbrauer nicht**, solange Sie Ihr Selbstgebrautes nicht entgeltlich oder gewerbsmäßig in den Markt bringen.

Deutschland		Österreich		Schweiz	
Einfachbier	2–5,5%	Abzugsbier	9–10%	Lagerbier	10–12%
Schankbier	7–8%	Schankbier	10–12%	Spezialbier	11–14%
Vollbier	11–14%	Märzenbier	12–14%	Starkbier	mehr als 14%
Starkbier	mehr als 14%	Bockbier	mehr als 14%		

Steuerrechtliche Bestimmungen

Heute wird die Biersteuer im deutschsprachigen Raum, abhängig vom Stammwürzegehalt und gestaffelt nach der Jahresausstoßmenge der jeweiligen Brauerei, berechnet und als Quellensteuer eingehoben.

In der Schweiz und Österreich ist das Brauen zu Hause ohne jede amtliche Anmeldung und Bewilligung mögliche. Der Verbrauch für den Eigenbedarf ist ebenfalls steuerfrei. Die Abgabe an Dritte – gleichgültig ob gegen Bezahlung, an Freunde oder unentgeltlich – ist jedoch steuerpflichtig! Genaue Auskunft über Höhe und Modalitäten der Steuerentrichtung erteilen Ihnen in Österreich das zuständige **Zollamt** und in der Schweiz die **Eidgenössische Oberzolldirektion**, Abteilung Bierbesteuerung, in Bern.

Davon abweichend ist in der Bundesrepublik Deutschland für das Brauen zu Hause eine **Meldung** an das zuständige **Hauptzollamt** erforderlich. Darin müssen Datum, Anschrift, Menge und Bierart, die zu brauen Sie beabsichtigen, enthalten sein. Die Entrichtung der Biersteuer erfolgt im Nachhinein; sie ist einerseits von der Menge und andererseits vom Stammwürzegehalt des gebrauten Bieres abhängig. In den meisten Fällen (ca. 25 l Vollbier pro Monat) werden Sie unter die Steuergrenze fallen und keine Steuer entrichten müssen. Das entbindet Sie aber nicht von der Pflicht, eine Meldung, bzw. eine entsprechende Steuererklärung abzugeben!

Ein weiteres Kuriosum ist, dass es bis 1986 in der Bundesrepublik Deutschland sogar verboten war, Anleitungen für das Brauen zu Hause zu verbreiten! **Dieses Buch hätte damals nicht verkauft werden dürfen!**

Weiterhin nicht erlaubt ist es, alle Rohstoffe (Hopfen, Malz und Hefe) gemeinsam, mit dem Hinweis auf die Eignung zu Brauzwecken, abzugeben. Sie können im einschlägigen Handel sämtliche Rohstoffe zusammen oder einzeln erwerben, aber der Verkäufer darf Ihnen nicht sagen, dass sie zum Brauen von X Liter Bier geeignet sind! Diese Bestimmungen sind mit eine der Ursachen, warum das Brauen zu Hause fast völlig in Vergessenheit geraten ist.

Bezugsquellenverzeichnis

Von den vier für das Bierbrauen benötigten Rohstoffen sind – mit Ausnahme des Wassers – in Ihrem Haushalt Hopfen, Malz und Brauhefe normalerweise nicht lagernd. Mälzereien und hopfenverarbeitende Betriebe liefern die für das Brauen zu Hause benötigten Mengen nicht, da sie gewohnt sind, den Bedarf an die großen Malzsilos der Brauereien in LKW-Ladungen abzugeben.

Infolge der stürmischen Entwicklung im Bereich der gewerblichen Hausbrauereien, die das von ihnen gebraute Bier in der angeschlossenen Gastwirtschaft selbst verkaufen – bei Kapazitäten von 150–300 Liter Bier pro Brauvorgang –, hat sich ein eigener Fachhandel entwickelt. Dieser beliefert kleine Hausbrauereien und auch Sie. Bei diesen Versandhändlern erhalten Sie Hopfen, Malz, Brauhefen, Thermometer, Bierspindeln, Flaschen, Fässer etc. für Ihre private „Brauerei“. Sollte sich eine gewerbliche Hausbrauerei in Ihrer Nähe befinden, empfiehlt Ihnen der Autor, sich die Rohstoffe dort zu besorgen, und der Braumeister oder Wirt wird Ihnen gerne einige Tipps und Ratschläge geben. Durch den Wegfall der nicht unbeträchtlichen Versandkosten und Kleinmengenzuschläge ist diese Rohstoffbeschaffung für Sie finanziell wesentlich günstiger. Vielleicht aber haben Sie über Bekannte Kontakt zu einer Großbrauerei. In etlichen Apotheken, Drogerien, Reformhäusern und Naturkostläden werden Sie ebenfalls die erforderlichen Rohstoffe erhalten. Dem Branchenteil Ihres Telefonbuches können Sie die nächst gelegene Hausbrauerei, Mälzerei etc. entnehmen. Geräte wie Flaschen, Gärfässer, Schläuche etc. werden Sie in Lagerhäusern und in Kellereibedarfsartikelgeschäften erhalten.

Deutschland

Albert Pfäffle GmbH
Gymnasiumstrasse 73
74072 Heilbronn
Tel. (0 71 31) 8 45 89 oder 8 56 30
Fax (0 71 31) 8 22 94
www.pfaeffle-heilbronn.de

Friedrich Sauer, VIERKA
Postfach 1328
97628 Bad Königshofen
www.vierka.de

DER HOBBYBRAUER-VERSAND
Fachhandel für sämtliches Zubehör für die Haus- und Hobby-Bierbrauerei,
auch Bioland-Rohstoffe
Udo Krause
Satkau Nr. 1, 29459 Clenze
Tel. (0 58 44) 6 30
Fax (0 58 44) 97 64 02
www.satkau1.de

Brau-Partner
Alles für den Hobby-Brauer
K. Kling
Neckargartachstraße 47, 74080 Heilbronn
Tel. (0 71 31) 4 53 53
Fax (0 71 31) 4 15 60
www.braupartner.de

Österreich

Dreher Brauanlagen
Ing. L. Schlögl GesmbH
Wehrgasse 6, 2563 Pottenstein
Tel. (0 26 72) 8 24 19
Fax (0 26 72) 82 41 97
www.dreher.at

Dietmar Gohm
„Der Heimbrauer“
6822 Düns 108
Tel. u. Fax (0 55 24) 24 59

Holzeis Kellereibedarf Knopf GmbH
Gurkgasse 16, 1140 Wien
Tel. (01) 9 82 62 40
Fax (01) 9 82 82 08
www.holzeis.at

Schweiz

SIOS Homebrew Shop
„The Beer People“
Jonastraße 11, 8636 Wald
Tel. (0 55 24) 6 40 46
Fax (0 55 26) 6 14 43
www.sios.ch

Lexikon der Braubegriffe

Abläutern: Siehe Läutern.

Abzugsbier: In Österreich werden Biere mit einer Stammwürze von 9 – 10° als Abzugsbiere bezeichnet.

Alphaamphylase: Ist das Enzym, dass die Aufspaltung des Braumalzes in Maltose (Malzzucker) beim Maischen bewirkt.

Alebiere: Unter *Ale* versteht man die typischen englischen Biere, welche obergärig gebraut werden. In englischen Pubs wird dieses Bier als typisch englische Spezialität ohne Schaum, leicht trüb und eher (lau)warm serviert. Das Wort Ale bezeichnet als Sammelbegriff diese typisch englischen Biere, wobei es noch einige Unterschiede hinsichtlich Stärke gibt. Man unterscheidet in England verschiedene Sorten Ale, wie *Mild, Bitter, Pale Ale, Brown Ale, Barley Wine (Starkbier)*. Die gleiche Tradition obergäriger Biere haben die belgischen Weizenbiere und das deutsche Altbier. Auch in Schottland und Irland werden Ales mit etwas anderer Tradition hergestellt.

Alkoholgehalt: Der Alkoholgehalt des Bieres ist indirekt abhängig von der Stammwürze des Bieres. Je nach Stärke des Bieres schwankt dieser von 0,5 Vol. % bei so genannten alkoholfreien Bieren und 14 Vol. % bei Starkbieren wie beim Schweizer Samiclaus.

Altbier: Eine obergärige Bierspezialität, leicht dunkel bis kupferfärbig. Dieses Bier wird aus eigenen Altbiergläsern getrunken. Es ist vom Geschmack und der Tradition, daher auch der Name *Altbier*, dem englischen *Ale* und den belgischen obergärigen Bieren verwandt. Wichtige Altbierregionen in Deutschland sind Düsseldorf, Hannover und Münster.

Aromahopfen: Aromahopfen ist eine besondere, entsprechend teure Hopfenart, die vorwiegend für Biere des Types *„Pils"* verwendet wird. Wichtige Anbaugebiete dieser Hopfensorte sind die Hallertau und Tettnang in Bayern und das tschechische Saaz.

Berliner Weiße: Eine obergärige Bierspezialität mit Weizenanteil, welche mit einer Mischung aus Hefe und Milchsäurebakterien vergoren wird. Vor dem Genuss wird die *Berliner Weiße* noch mit Himbeersaft (rot) oder Waldmeister (grün) gemischt (verschnitten).

Betaamphylase: Ist neben der Alphaamylase das zweite Enzym, das für die Umwandlung der Stärke des Braumalzes in Maltose (Malzzucker) und Dextrin verantwortlich ist.

Bier: Bier ist ein aus Zerealien (stärkehältigen Getreidesorten), Hopfen und Wasser durch Maischen und Kochen hergestelltes, durch Hefe vergorenes, alkohol- und kohlensäurehältiges Getränk.

Bierspindel: Ein Messgerät zur Bestimmung der gelösten Bestandteile in der Würze. Das Verhältnis gelöster Stoffe zu Wasser wird in Prozentsätzen angegeben. 12 % oder Grad Stammwürze bedeutet, dass 12 Teilen gelöster Stoffe 88 Teile Wasser gegenüberstehen. Diese Bierspindeln für das Brauen zu Hause sind zumeist auf eine Temperatur von 20° C geeicht.

Blankes Bier: Als blanke Biere werden klare, gefilterte Biere im Unterschied zu den ungefilterten *Zwicklbieren* (Hefebieren) bezeichnet. Heute werden die meisten Biere gefiltert abgefüllt. Blanke Biere enthalten weniger Kalorien als die ungefilterten Biere.

Bockbier: Diese Starkbiere haben einen höheren Stammwürzegehalt. Bockbier ist stark vollmundig, würzig fein gehopft, alkoholreich und bernsteinfarbig. Diese Starkbiere werden zu besonderen Anlässen wie Ostern oder Weihnachten gebraut. In Österreich werden Starkbiere mit mehr als 14° Stammwürze als Bockbiere bezeichnet.

Braugerste: Für die Bierherstellung wird vorwiegend die zweizeilige Sommergerste verwendet, die in der Mälzerei für den Brauprozess aufbereitet wird. Weltweit werden mehr als 300 verschiedene Braugerstesorten angebaut. Braugerste unterscheidet sich von der Futtergerste dadurch, dass sie wesentlich mehr Stärke, dafür weniger Eiweiß enthält.

Brauprotokoll: Aufzeichnungen der jeweiligen Brauvorgänge. Das Brauprotokoll dient der Mengenkontrolle und dem Erkennen von Braufehlern. Darüber hinaus dient es auch als buchhalterische Unterlage für die Abgabenentrichtung gemäß den einschlägigen Steuerbestimmungen. Beim Brauen zu Hause dient das Brauprotokoll hauptsächlich zum Erkennen der Braufehler.

Brauwasser: Sollte möglichst weich und ohne organische und mineralische Verunreinigungen sein. Der pH-Wert (Säurewert) sollte zwischen 4–5 liegen. Je weicher das Brauwasser ist, desto besser ist es für Brauzwecke geeignet. Weiches Brauwasser führt zu höheren Ausbeuten. Entspricht das Brauwasser nicht den hohen Anforderungen wird es in den Brauereien mit chemischen und physikalischen Methoden vor dem Brauen aufbereitet. Das Brauwasser ist mit einem Anteil von mehr als 88% im fertigen Bier der wichtigste Inhaltstoff.

Dekoktionsverfahren: Ist ein aufwendigeres Brauverfahren als das für das Brauen zu Hause verwendete Infusionsverfahren, bei dem Teile der Maische entnommen werden und in einem zweiten Behälter gesondert gekocht und anschließend wieder der Maische beigegeben werden. Die Ausbeute pro Sud ist bei diesem Brauverfahren höher als beim einfachen Infusionsverfahren.

Darren: Darunter versteht man den Trocknungs- bzw. Röstvorgang in der Mälzerei. Dabei wird das gekeimte Getreide zumeist mit heißer Luft getrocknet (gedarrt). Helles Malz wird bei ca. 80° C gedarrt, dunkles Malz wird hingegen bei Temperaturen über 105° C geröstet.

Dextrin: Ist ein Einfachzucker, der durch die Enzyme des Braumalzes gebildet wird und der die Voraussetzung darstellt, dass in der Folge dieser Zucker durch die Hefen in Alkohol und Kohlensäure aufgespalten wird.

Einfachbier: In Deutschland werden Biere mit einer Stammwürze von 2–5,5° als Einfachbiere bezeichnet.

Enzyme: Sind die im Malz enthaltenen Biokatalysatoren, welche die Aufspaltung in vergärbare Substanzen (Maltose und Dextrin) bewirken. Je aktiver die Enzyme des Malzes sind, desto schneller und erfolgreicher erfolgt die Verzuckerung.

Farbmalz: Eine spezielle Malzart, welche zum Färben der Biere verwendet wird. Beigabe höchstens 2 Volums% der Schüttung um Geschmacksbeeinträchtigungen zu vermeiden.

Filtern: In den Brauereien wird das fertige Bier zur Entfernung der Trübstoffe und der Heferückstände gefiltert. Das Bier wird dadurch klar und durchsichtig (blankes Bier). Ungefilterte Biere *(Zwicklbiere)* sind leicht trüb; sie enthalten durch diese Inhaltsstoffe aber auch mehr Kalorien. In den Brauereien erfolgt die Filterung über Kieselgurfilter, welche diese kleinen Schwebstoffe zurückhalten. Beim Brauen zu Hause erfolgt keine Filterung, daher ist das Bier leicht trüb aber aromatischer.

Flüssigmalz: Diese Form des Malzes erspart beim Brauen zu Hause den zeitaufwendigen Maischevorgang. Flüssigmalz wird in Blechdosen oder in Gläsern angeboten. Für erste Brauversuche eignen sich diese „vorgebrauten" Malze sehr gut.

Führung oder Gärführung: Unter Führung oder Gärführung versteht man die Anzahl der Verwendung der Hefe beim Brauen. Da die Gefahr der Degeneration der Hefen besteht, werden diese nach einigen Gärführungen durch neue Reinzuchthefen ersetzt.

Gärung: Unter Gärung oder alkoholischer Gärung versteht man den Umwandlungsprozess von Malzzucker zu Alkohol und Kohlensäure durch die eingesetzten Hefen.

Gärbottich: Sind offene Gefäße, in denen das Bier vergoren wird. Charakteristisch für diese Form der Gärung ist die Schaumbildung an der Oberfläche. Zu Hause verwenden Sie zumeist diese Form der Vergärung in einem offenen Gefäß.

Gärtank: Gärtanks sind geschlossene Gärbehälter, im Unterschied zu den offenen Gärbottichen. Die überschüssige Kohlensäure, die bei der Vergärung entsteht, entweicht durch Überdruckventile. Moderne Brauereien verwenden heute zumeist geschlossene Gärtanks, da hier die Kontrolle während der Gärung besser gegeben ist.

Grünmalz: Als Grünmalz bezeichnet man das nach dem Keimen im Mälzprozess entstandene Zwischenprodukt vor dem Darren. Es enthält mehr Enzyme als das anschließend gedarrte Malz, ist jedoch nicht lagerfähig. Sie können Grünmalz zu Hause im Backrohr selbst herstellen.

Hauptgärung: Die Hauptgärung erfolgt in Gärbottichen oder Gärtanks. Bei obergärigen Hefen dauert die Hauptgärung etwa 2–3 Tage, bei untergärigen Hefen dauert die Hauptgärung hingegen 7–8 Tage.

Hausbrauereien: Sind kleine Brauereien, zumeist mit angeschlossener Gaststätte, die sich in letzter Zeit wieder steigender Beliebtheit erfreuen. Zumeist wird in diesen Brauereien ungefiltertes *Zwicklbier* ausgeschenkt.

Härtegrad: Der Härtegrad des Brauwassers bezeichnet den Gehalt der verschiedenen Salze, Mineralstoffe und Spurenelemente, die völlig natürlich aus dem Boden gelöst sind. Die Eigenschaften des Brauwassers sind für den individuellen Geschmack des Bieres mitverantwortlich und nicht zuletzt auch bestimmend für die Bierqualität.

Hefen: Sind Bioorganismen (Kleinstlebewesen), die bei der Vergärung die Umwandlung des Malzzuckers in Alkohol und Kohlensäure (CO_2) bewirken. Es gibt zwei Arten von Hefen mit verschiedenen Gäreigenschaften. Obergärige Hefen *(Saccaromyces cerevisiae)* gären bei 15–20° C und sind die ursprünglichsten Bierhefen. Heute werden diese Hefen hauptsächlich für Spezialbiere verwendet. Die meisten Biere werden hingegen heute mit den untergärigen Hefen *(Saccaromyces carlsbergensis)* vergoren, welche künstliche (elektrische) Kühlanlagen benötigen, da diese bei 4–8° C arbeiten. Hefen sind so klein, dass sie erst bei einer 800fachen Vergrößerung unter dem Mikroskop sichtbar werden. Daher wusste man lange nicht um die Notwendigkeit der Hefen bei der Biererzeugung bescheid. Im „Deutschen Reinheitsgebot" von 1516 steht darum auch noch nichts von Hefen.

Heißtrubabscheidung: Beim Kochen der Würze mit dem Hopfen fallen die Eiweißbestandteile der Würze aus, die mittels Filter oder Whirlpools aus der heißen Würze entfernt werden. Beim Brauen zu Hause werden diese Eiweißbestandteile mittels Stoffwindeln ausgefiltert.

Hopfen: Hopfen *(Humulus lupulus)* ist ein Hanfgewächs, das dem Bier die charakteristische herbe Note verleiht. Für das Brauen werden in Mitteleuropa überwiegend die unbefruchteten weiblichen Dolden des Hopfens verwendet, wohingegen in England auch die männlichen Hopfendolden Verwendung finden. Die Bitterstoffe des Hopfens wirken antibakteriell und sind für die Konsistenz des Bierschaums wichtig. Zum Brauen wird Hopfen in Form von getrocknetem Naturhopfen, gepressten Hopfenpellets oder als Hopfenextrakt in getrockneter oder flüssiger Form verwendet. Man unterscheidet zwei verschiedene Hopfensorten, Aromahopfen für spezielle, bittere Biere und Bitterhopfen. Die wichtigsten Anbaugebiete sind die Hallertau, Tettnang, Saaz, das Gebiet um Leutschach in der Südsteiermark und das Mühlviertel in Oberösterreich.

Infusionsverfahren: Ein einfaches Brauverfahren, bei dem unter Einhaltung von genau festgesetzten Rastzeiten die Temperatur der Maische bis auf 78° C erhöht wird. Das Infusionsverfahren ist für das Brauen zu Hause das einfachste und am besten geeignetste Brauverfahren.

Jodprobe: Dient der Feststellung, ob die Enzyme des Malzes die Umwandlung in Maltose

(Malzzucker) bewirkt haben. Bei Gelbfärbung der Jodprobe ist die Umwandlung der Stärke in Malzzucker bereits abgeschlossen. Für die Jodprobe verwendet man standardisierte Jodlösung oder 1%ige Kaliumjoditlösung (jodfärbig nicht farblos!). Auch standardisierte Jodlösung unter der Handelsbezeichnung Bedaisadonalösung zur Desinfektion von Wunden eignet sich zur Durchführung der Jodprobe. Diese Jodlösung ist in jeder Apotheke kostengünstig erhältlich.

Kalttrubabscheidung: Nach dem Abkühlen der Würze kommt es noch einmal zum Ausfallen von Trübstoffen aus Eiweiß und Hopfenbestandteilen, die aus der Würze vor dem Vergären gefiltert werden.

Karamelmalz: Ist eine besondere Form des Malzes, das dem Bier seinen vollmundigen Geschmack verleiht.

Kölsch: Eine Bierspezialität aus Köln, welche original nur in dieser Stadt am Rhein gebraut werden darf. *Kölsch* ist ein obergäriges Bier.

Kwas: Eine russische Bierspezialität, bei der Schwarzbrot in Wasser gekocht und mit Backhefe zum Vergären gebracht wird. Diese Form einer bierähnlichen Erzeugung ähnelt den ursprünglichen Methoden der Biererzeugung bei den Assyrern, Sumerern und Ägyptern.

Lambic: *Lambicbiere* sind obergärige belgische Spezialbiere, welche ohne Reinzuchthefen vergoren werden. Die „wilden" Hefen (Spontangärung) geben diesem ausgefallenen Bier seinen besonderen Charakter. Teilweise werden diese Biere auch mit Fruchtbieren (Kirschen, Erdbeeren und Himbeeren) verschnitten. Die Nachgärung erfolgt bei diesen besonderen Bieren ähnlich dem Champagner in der Flasche in Form einer zweiten Gärung. *Lambicbiere* werden auch in Champagnerflaschen abgefüllt und mit Korken verschlossen.

Läutern oder Abläutern: Darunter versteht man das Trennen der festen (Treber) von den flüssigen (Würze) Bestandteilen der Maische.

Leichtbier: Dieser Biertyp ist relativ neu und im Geschmack nicht so intensiv wie andere Biertypen. Es ist leicht (weniger Kalorien und weniger Alkohol) und wird bevorzugt etwas kühler getrunken als Vollbiere. Leichtbiere haben einen Stammwürzegehalt von höchstens 9° Stammwürze.

Mälzerei: Eine Mälzerei war früher ein wichtiger Teil der Brauerei. Heute hat sich der Beruf des Mälzers vom Brauer getrennt und Mälzereien arbeiten als Dienstleistungsbetriebe im Auftrag der Brauereien. In der Mälzerei werden aus der zweizeiligen Sommergerste durch Keimen und anschließendes Darren verschiedenste Sorten Malz erzeugt. Helles Braumalz wird bei rund 70° C gedarrt (getrocknet), dunkles Malz hingegen bei mehr als 100° C geröstet.

Märzenbier: Ein für Österreich und Bayern typisches, ausgewogen malziges, mild gehopftes untergäriges Bier. Der Name *Märzenbier* stammt übrigens vom Monat März, in dem jahrhundertelang die letzte Möglichkeit bestand unabhängig von äußeren Witterungseinflüssen, ohne technische Kühlung länger haltbares, untergäriges Bier herzustellen.

Maischen: Unter Maischen oder Einmaischen versteht man das Vermischen des geschroteten Braumalzes mit dem Brauwasser im Maischebottich.

Maischebottich: Dient in der Brauerei zum Einmaischen. Beim Brauen zu Hause ist der Maischebottich ein großer Einkochtopf.

Maltose (Malzzucker): Im Maischevorgang wird das Malz durch die im Malz enthaltenen Enzyme zu Maltose (Malzzucker) umgewandelt. Erst die Maltose kann dann von der Hefe bei der alkoholischen Gärung in Alkohol und Kohlensäure umgewandelt werden.

Malz: Entsteht durch die besondere Behandlung der Braugerste in den Mälzereien. Die Braugerste wird in Wasser gequollen und anschließend zum Keimen gebracht. Durch ständiges Umschütten wird ein Schimmeln des Malzes verhindert. Nach einigen Tagen wird der Malzvorgang beendet und das Malz gedarrt (getrocknet). Helles Malz bei ca. 70° C, dunkles Malz hingegen bei mehr als 100° C.

Nachgärung: Die Nachgärung erfolgt in den Brauereien zumeist in Lagertanks. Spezialbiere wie beispielsweise *Weizenbiere* erhalten aber auch eine Nachgärung in der Flasche. Beim Brauen zu Hause erfolgt die Nachgärung immer in der Flasche, da keine geschlossenen Lagertanks zur Verfügung stehen und sonst beim Abfüllen die letzte Kohlensäure, die sich bei der Nachgärung bildet, entweichen würde.

Nachguss: Unter Nachguss versteht man das heiße Brauwasser, mit dem der Treber noch einmal nachgeschwemmt wird und damit noch brauwichtige Bestandteile gelöst werden. Dieser Nachguss wird mit der geläuterten Würze vermischt und gemeinsam mit dem Hopfen gekocht.

Nährbier: Nährbier ist ein nahrhaft süßer, stark malziger Biertyp, der nach einem speziellen Verfahren gebraut wird, dabei aber alkoholärmer ist als andere Vollbiere mit gleichem Stammwürzegehalt.

Obergäriges Bier: Darunter versteht man ein mit obergäriger Hefe gebrautes Bier, das bei 15–20° C gärt. Obergäriges Bier hat den Nachteil geringerer Haltbarkeit und Lagerfähigkeit. Bis ins 19. Jahrhundert wurde hauptsächlich obergärig gebraut, da noch keine elektrischen Kühlaggregate zur Verfügung standen. Heute werden überwiegend Spezialbiere nach diesen Verfahren erzeugt. Die wichtigsten Biersorten dieser Sorte sind *Weiß-* oder *Weizenbiere, Alt, Kölsch, Ale, Stout, Porter.*

Obergärige Hefen: Obergärige Hefen *(Saccaromyces cerevisiae)* sind die ursprünglichsten Brauhefen. Sie arbeiten bei 15–20° C und setzen sich nach Beendigung der Hauptgärung an der Oberfläche im Gärgefäß ab, daher rührt auch ihr Name. Die Gärung dauert bei diesen Hefen rund 2–3 Tage. Nachdem keine aufwendige Kühlung erforderlich ist, eignen sich obergärige Hefen besonders gut für das Brauen zu Hause.

pH-Wert: Der pH-Wert gibt den Säurewert des Brauwassers an. Optimale Werte für das Bierbrauen liegen bei einem pH-Wert von 4–5. Zum Testen des Brauwassers wird pH-Indikatorpapier verwendet, bei dem die Verfärbung den jeweiligen Säurewert angibt.

Pilsbier: Ein untergäriges, sehr helles, dafür stärker gehopftes Bier mit einem Stammwürzegehalt von 11°–13°. Der Name dieser Biersorte stammt aus dem tschechischen Ort Pilsen, der bekannt für sein weiches, ausgezeichnetes Brauwasser ist.

Porter: *Porter* oder *Stout* ist ein dunkles mit stark geröstetem Malz hergestelltes obergäriges Bier. Ursprünglich stammt dieser Biertyp aus London, wobei sich der Stouttyp in der Form des *Dry Stout* vor allem in Irland durchsetzen konnte. Weltberühmt ist das irische *Guiness* aus Dublin.

Reinheitsgebot: Das „Reinheitsgebot“ wurde am 23. April 1516 vom Bayernherzog Wilhelm IV. erlassen. Es schreibt die ausschließliche Verwendung von Wasser, Gerstenmalz und Hopfen für die Biererzeugung vor. Hefe als vierter Rohstoff des Brauens war im Jahr 1516 noch gar nicht bekannt. Die einzige Ausnahme, die das „Reinheitsgebot“ gestattet, ist die Verwendung von Weizenmalz für *Weißbiere.* Seit 1918 gilt dieses „Deutsche Reinheitsgebot“ für die gesamte Bundesrepublik und wird auch von vielen ausländischen Brauereien zum Brauen ihrer Biere eingesetzt.

Rohfruchtbeigaben: Neben gemälztem Getreide werden für die Biererzeugung auch ungemälzte Getreidearten verwendet, einerseits als Substitute wie beispielsweise Reis oder Mais, oder ungemälzter Weizen wie in den belgischen *Weißbieren.* Für das Brauen zu Hause eignen sich Rohfruchtbeigaben nicht besonders, da durch das größere Gewicht dieser ungemälzten Getreidesorten die Gefahr des Anbrennens im Maischeprozess besteht.

Samiclaus Bier: Dieses stärkste Bier der Welt ist eine Schweizer Bierspezialität, die den Namen von St. Nikolaus hat, da es ausschließlich am 6. Dezember gebraut wird und ein Jahr später wieder an diesem Tag erstmals verkauft wird. Es erhält dann einen Jahrgangsaufdruck. Dieses Starkbier hat rund 14 Vol % Alkoholgehalt.

Schankbier: Das Österreichische Biersteuergesetz bezeichnet Biere mit einer Stammwürze von 10–12° als Schankbiere.

Schroten: Schroten nennt man das Zerkleinern der Malzkörner vor dem eigentlichen Brauvorgang. Dabei werden die Malzkörner nur grob zerkleinert, eher zerquetscht, nicht gemahlen.

Spezialbier: Das Schweizer Biergesetz bezeichnet Biere mit einer Stammwürze zwischen 11° und 14° als Spezialbiere.

Stammwürze: Die Stammwürze gibt in % oder in Grad an wieviel gelöste Extraktstoffe des Malzes und des Hopfens im Bier enthalten sind. 12 % Stammwürze beispielsweise bedeutet, dass 88 Teilen Wasser 12 Teile Extrakte gegenüberstehen. Der Stammwürze oder Würzegehalt wird mit der Bierspindel exakt bestimmt und ist auch die Basis für die Berechnung der Biersteuer. Die Stammwürze ist nicht zu verwechseln mit dem Alkoholgehalt des Bieres, der aber indirekt wieder von dieser abhängig ist. Als Faustregel gilt, dass die Stammwürze dividiert durch 3 den ungefähren Alkoholgehalt des Bieres angibt.

Starkbier: In Deutschland und der Schweiz werden Biere mit mehr als 14° Stammwürze als Starkbiere bezeichnet. In Österreich heißen diese Biere hingegen *Bockbiere.*

Stout: *Stout* sind sehr dunkle, ja fast schwarze Biere, welche mit stark geröstetem Malz erzeugt werden. Sie haben einen Geschmack vergleichbar den Kaffeebohnen, da das Malz ja auch in einem ähnlichen Verfahren geröstet wird. Der bekannteste Vertreter dieser obergärigen Biere ist das irische *Guiness* Bier, welches beinahe weltweit erhältlich ist, wenn auch das Original in Dublin anders schmeckt als die in Lizenz in den jeweiligen Ländern gebrauten Biere.

Sud: Als Sud bezeichnet man den Vorgang des Kochens der Würze.

Sudhaus: Im Sudhaus wird die Maische und anschließend die Würze gekocht.

Treber: Treber werden die festen Bestandteile der Maische genannt, die beim Läutern von der flüssigen Würze getrennt werden. Treber wird als Abfallprodukt der Bierherstellung in der Viehzucht als hochwertiges Futtermittel verwendet, da er noch relativ viel Eiweiß enthält. Der Treber beim Brauen zu Hause kann als Müsli oder als Beigabe zum Brotbacken verwendet werden. Manche Brauereien brennen aus diesem Treber auch einen Schnaps, der ähnlich dem italienischen Grappa (Tresterschnaps) schmeckt.

Untergäriges Bier: Die meisten Biere (rund 80%) werden heute weltweit untergärig gebraut. Die Vergärung erfolgt mit untergärigen Hefen bei einer Gärtemperatur von 4–8° C. Die Vorteile untergäriger Biere sind deren längere Lagerfähigkeit und Haltbarkeit. Untergärige Biere lassen sich auch ohne größere Qualitätsverluste über längere Entfernungen transportieren. Wichtigste Biertypen sind alle Biere nach *Pilsner Art, Märzen, Spezial-* und *Lagerbiere.*

Untergärige Hefen: Untergärige Hefen *(Saccaromyces carlsbergensis)* gären bei einer Gärtemperatur von 4–8° C. Die Gärung dauert zum Unterschied von den obergärigen Hefen rund 7–8 Tage. Untergärige Hefen werden heutzutage in eigenen Labors in Reinzucht vermehrt. Viele Brauereien lassen sich ihre jeweilige Hefe patentieren und sichern sich damit die ausschließliche Verwendung dieser Hefe für ihre Biere.

Verzuckerungsrast: Unter Verzuckerungsrast versteht man Pausen beim Einmaischen, in der die Enzyme des Braumalzes die Aufspaltung der Stärke des Braumalzes in Maltose (Malzzucker) und Dextrin vornehmen.

Vollbier: In Deutschland werden Biere mit einer Stammwürze zwischen 11°–14° als Vollbiere bezeichnet. Diese Kategorisierung gilt auch für Österreich, wobei hinsichtlich der Sachbezeichnung der spezifische Biertyp, also *Weißbier, Pils* oder *Märzen,* bei der Kennzeichnung Vorrang hat.

Weizenbier: *Weizenbier* ist ein obergäriges Bier mit einem Weizenmalzanteil von mindestens 50 Volums%. Weizenbier ist erfrischend spritzig, schwach gehopft und sehr kohlensäurereich. Es wird auch als *Weizenbock* oder als Leichtbier sowohl blank (klar) als auch hefetrüb angeboten.

Von Bayern ausgehend erlebt das *Weizenbier* oder wie es hier auch heißt *Weißbier* in den letzten Jahren einen unglaublichen Aufschwung als erfrischendes Getränk vor allem in der warmen Jahreszeit. Auch in Belgien werden *Weizenbiere*, hier aber zumeist mit ungemälztem Weizen (Rohfrucht) gebraut.

Würze: Unter Würze versteht man den flüssigen Teil der Maische, der unter Beigabe von Hopfen gekocht wird.

Zucker: Bei vielen Bieren, die nicht nach dem „Deutschen Reinheitsgebot" gebraut werden, wird eine gewisse Menge Zucker der Maische beigegeben und ersetzt dabei das relativ teure Malz. Gerade viele Rezepte für das Brauen zu Hause aus dem angelsächsischen Bereich enthalten in ihren Rezepturen immer wieder die Verwendung dieser Zusatzstoffe. Das bekannte *Trappistenbier* in Belgien und Holland wird beispielsweise durch eine Nachgärung mit Kandiszucker in der Flasche mit Kohlensäure angereichert.

Zuckercouleur: Zuckercouleur wird zum Färben obergäriger Biere, vor allem *Weizenbiere* verwendet. Nach dem „Deutschen Reinheitsgebot" ist Zuckercouleur der einzige zulässige Zusatzstoff.

Zwicklbier: *Zwicklbier* ist ungefiltertes Bier, das über einen eigenen Hahn, den so genannten Zwicklhahn, dem Gärbottich entnommen wird. Diese ungefilterten Biere werden in letzter Zeit verstärkt als eine Besonderheit angeboten und mit steigender Beliebtheit vor allem in Hausbrauereien getrunken. Da in diesen Bieren noch lebende Hefebestandteile enthalten sind schmecken diese Biere voller und haben einen intensiveren Geschmack, aber auch einen höheren Kalorienanteil.

Danksagung

Der erste Dank gilt den Lesern meines ersten Buches „Bierbrauen für jedermann“, die es erst ermöglicht haben, dass dieses erweiterte Werk mit Bierspezialitäten Europas erscheint. Der besondere Dank gilt auch den vielen Teilnehmern meiner Bierbrauseminare in Österreich und der Bundesrepublik Deutschland, welche mitgeholfen haben die Schwachstellen beim ersten Buch auszumerzen und mit ihren Anregungen und Verbesserungsvorschlägen vor allem in technischer Hinsicht viel zur Weiterentwicklung beim Brauen zu Hause beigetragen haben. Viele Bastler haben mich immer wieder überrascht, welche kreativen Lösungen gefunden wurden um das Brauen zu Hause noch leichter und auch professioneller zu gestalten. Es wurden keine Kosten, Mühen und Zeit gescheut um die Voraussetzungen für das Bierbrauen zu verbessern – ob das jetzt die Konstruktion eigener Läuterbottiche ist oder der Bau eigener Kühlschlangen aus Kupfer zum möglichst raschen Abkühlen der Würze auf Gärtemperatur.

Für die Bilder der Rohstoffe und Geräte für das Brauen zu Hause gilt mein besonderer Dank Hr. Ing. Holzeis (Kellereibedarf Knopf), und meinem Sohn Philipp Hlatky für die Hilfestellung beim „Schaubrauen“ und Fotografieren des Brauablaufes.

Mein besonderer Dank gilt dem Leopold Stocker Verlag für das entgegengebrachte Vertrauen und die Möglichkeit dieses Buch so gut und reichhaltig zu illustrieren, sowie meinen Kollegen Dr. Wolfgang Klesl als Lektor, Frau Mag. Sabine Wimmer, dem Projektverantwortlichen DI Walter Gaigg und Bernhard Stroißnigg als Hersteller für die Mühen und Anregungen von ihrer Seite. Besonders erwähnt sei auch Frau Andrea Malek (malanda-buchdesign), die in der Neuauflage ein neues ansprechendes layout geschaffen hat.

Literaturliste

Ludwig Narziß, Abriß der Bierbrauerei. Ferdinand Enke Verlag, Stuttgart, 4. Auflage 1980.

Michael und Christine Hlatky, Bierbrauen zu Hause. Mit Spezialitäten aus ganz Europa. Leopold Stocker Verlag, Graz, Stuttgart, 1997.

Michael Hlatky, Franz Reil, Bierbrauen für jedermann. Leopold Stocker Verlag, Graz, Stuttgart, 5. Auflage 1997.

Michael Hlatky, Das große österreichische Bierlexikon. Austria Medien Service, 2. Auflage, Graz, 1999.

Christine Hlatky, Kochen mit Bier. Leopold Stocker Verlag, Graz, Stuttgart 2. Auflage 1996.

Rolf Lohberg, Das große Lexikon vom Bier. Scripta Verlag, Stuttgart, 3. Auflage 1984.

Norbert Messing, Heilen mit Bierhefe. Die Wiederentdeckung einer alten Volksarznei, Verlag Ganzheitliche Gesundheit, Bad Schönborn, 5. Auflage 1993.

Christian Rätsch, Urbock Bier jenseits von Hopfen und Malz. Von den Zaubertränken der Götter zu dem psychedelischen Bieren der Zukunft. AT- Verlag, Aarau, 1996.

Manfred Schramm, Heilen mit Hopfen. Gesundheit aus einer alten Kulturpflanze. Ehrenwirth Verlag, München, 1997.

Konrad Soyez, Biotechnologie. Birkhäuser Verlag, Basel, Boston, Berlin, 1990.

Wolfgang Vogel, Bier aus eigenem Keller. Verlag Eugen Ulmer, Stuttgart, 3. Auflage 1993.

Biere aus aller Welt. Karl Müller Verlag, Erlangen 1994.

Michael Jackson, Bier International. Hallwag Verlag, Bern und Stuttgart, 1994.

Michael Jackson, Bier, über 1000 Marken aus aller Welt. Hallwag Verlag, Bern Stuttgart, 4. Auflage 1994.

Dietrich Höllhuber, Wolfgang Kaul, Die Biere Deutschlands. Verlag Hans Carl, München, 2. Auflage 1993.

Gerhard Merk, Hannes Sieber, Das Münchner Bier, Wer's braut, wie's schmeckt, wo's fließt. Frisinga Verlag, 1991.

Regina und Manfred Hübner, Der deutsche Durst, illustrierte Kultur- und Sozialgeschichte. Edition Leipzig, Leipzig 1994.

Ernst Friedrich, Bier. Sigloch Edition, Künzelsau, 1993.

Christoph Wagner, Bier & Küche. Guide-Verlags-Anstalt, 1987.

Michael Hlatky, Manfred Walzl, Jungbrunnen Bier Gesunder Genuss, Verlagshaus der Ärzte, 2004.

Der Autor

(Philipp Hlatky)

Mag. Michael Hlatky

studierte nach einer Berufsausbildung als Chemischreinigungsmeister Betriebswirtschaft in Graz mit dem Schwerpunkt Marketing. Seit 1985 in unterschiedlichsten Funktionen im Verlagswesen tätig – als Marketing- und Vertriebsleiter, Verleger und seit 2003 als selbständiger Verlagsagent.
Autor und Herausgeber mehrerer Bücher zum Thema Bier: Bierbrauen für jedermann, Bierbrauen zu Hause, Gesund und schön durch Bierhefe, Das große österreichische Bierlexikon. Vortragstätigkeit über Bier und Leiter von Bierbrauseminaren.

Bierbrauveranstaltung

(Philipp Hlatky)

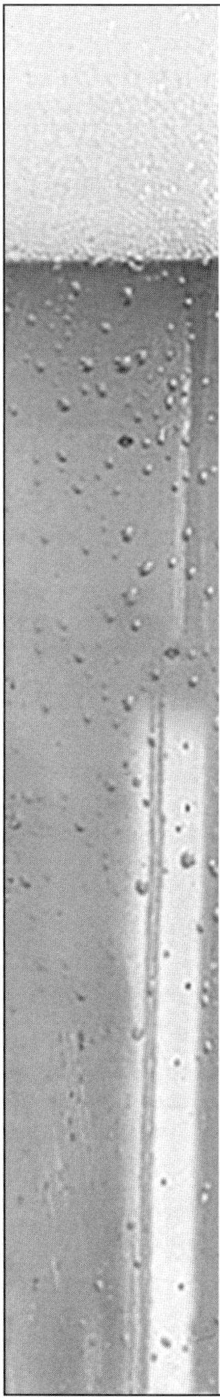

AUS UNSEREM PROGRAMM:

ISBN 3-7020-0743-1

Walter Gaigg

ANSATZSCHNÄPSE

Liköre und Kräuterweine

6. Auflage, *144 Seiten, durchgehend farbige Abbildungen, Hardcover*

Dieses Buch, bringt – in einfacher Form und ergänzt durch informative Farbfotos – die Grundregeln für die Herstellung von Ansatzschnäpsen, Frucht-, Kräuter- und Schaumweinen, wie sie ohne größere Anschaffung in jedem Haushalt möglich ist. Die rund neunzig, zum Teil außergewöhnlichen Rezepte – vom Apfelkorn über den Buchenlikör und die Williamsbirne bis zum Thymian- und Zirbengeist – werden durch eine Kurzbeschreibung des jeweiligen Ausgangsproduktes ergänzt, das sich der Leser auf Wanderungen oder Ausflügen selbst beschaffen kann. Wohl bekomm's!

Bestellen Sie unverbindlich und kostenlos unser Gesamtverzeichnis:
A-8011 Graz • Hofgasse 5 • Postfach 438 • Telefon (0 316) 82 16 36